표현력과 문해력이 쑥쑥 자라나는
# 맛깔스러운 관용 표현 143

**표현력과 문해력이 쑥쑥 자라나는**
# 맛깔스러운 관용 표현 143

2025년 7월 7일 처음 펴냄

**지은이** 전은지
**그린이** 유영근
**펴낸곳** (주)우리교육
**펴낸이** 신명철
**영업** 박철환
**등록** 제 2004-000103호
**주소** 10403 경기도 고양시 일산동구 정발산로 24
**전화** 02-3142-6770
**팩스** 02-6488-9615
**블로그** https://blog.naver.com/uriedu3142
**제조국명** 대한민국
**사용연령** 8세 이상
**주의사항** 종이에 베이거나 긁히지 않도록 조심하세요.
책 모서리가 날카로우니 던지거나 떨어뜨리지 마세요.

ISBN 979-11-92665-91-7 73700

*이 책의 내용을 쓰고자 할 때는 저작권자와 출판사의 허락을 받아야 합니다.
*잘못된 책은 바꾸어 드립니다.
*책값은 뒤표지에 있습니다.

• 이럴 땐 이렇게 표현해요!

표현력과 문해력이 쑥쑥 자라나는
# 맞깔스러운 관용 표현 143

전은지 지음 | 유영근 그림

우리교육

# 차례

작가의 말 재미있는 관용 표현으로 우리 생활도 재미나게 만들어요! 011

## 1. 세상에 이런 법이!
뉴스가 되는 이야기 015
방귀 뀌다 걸리면 범죄자가 된다고? 016
골 때리는 법, 진짜일까 가짜일까? 018

## 2. '아' 다르고 '어' 다르다
쌍안경? 색안경! 027
먹을까 말까, 그것이 문제로다! 028
이제는 먹고 싶어도 먹을 수 없는 치~즈 031

## 3. 뛰는 놈 위에 나는 놈
양육과 사육의 차이 039
괴도 루팡 위에 코알라 040
지문이 있는 이유 042

## 4. 앞서가거나 이상하거나
짧은 게 어때서! 049
예술가야, 과학자야? 050
천재가 흔한가? 054

## 5. 그런 뜻이 아니라
잔뼈와 통뼈 063
나무가 물결친다 064
오싹해서 더욱 재미있는 바다 065

## 6. 법 앞에선 모두가 평등해!
잘난 척하던 쪽파는 결국…… 073
살인 돼지, 재판을 받다 074
코끼리는 무슨 죄를 지었을까? 076

### 7. 소름이 오싹, 군침이 줄줄
정말로 개떡 같네 085
고기, 어디까지 먹어 봤니? 086
색안경을 벗으면 세상은 음식 천국 088

### 8. 정말일까?
매운 손 만들기 097
존중받지 못한 사람들 098
노예에 적합한 사람? 099

### 9. 특별한 사용법
책은 읽기만 하는 게 아니야! 109
껌을 씹으면 일어나는 일 110
껌과 관련된 상식? 껌이지! 113

### 10. 진실은 알 수 없어
배고픔을 까먹으려면 119
얼굴도 이 정도 두꺼우면 달인! 120
세수해서 죽었을까? 121

### 부록 이럴 땐 이렇게 표현해요
1. 공부를 못하는 이유 130
2. 뻥에 대처하는 방법 133
3. 부상당할 가능성 136
4. 진짜 뻔뻔하네 139
5. 공포의 민낯 142
6. 쉼표를 안 찍었다가 145
7. 몰라서 물었을 뿐인데 148
8. 같은 말 다른 의미 151
9. 봐주면 안 돼? 154
10. 찬바람이 부는 이유 157

## 우리 몸에 숨은 관용 표현 찾아보기

골 때리다 021
머리에 피도 안 마르다 135

민낯이 드러나다 144
뺨치는 035
얼굴 두껍다 124
얼굴에 먹칠을 하다 141
얼굴에 철판을 깔다 125
얼굴을 붉히다 150
얼굴이 반쪽이 되다 132

엎어지면 코 닿을 데 105
코를 납작하게 만들다 138
코앞 159

손꼽히다 056
손사래를 치다 093
손을 대다 159
손을 보다 156
손을 털다 153
손이 맵다 106
손이 모자라다 153
손이 발이 되도록 빌다 080
쌍수를 들다 093

남의 살 092
몸을 낮추다 159
살 떨리다 070
잔뼈가 굵다 068

두 다리 뻗다 083
마당발 135
무릎을 치다 132
발 벗고 나서다 057
발등에 불이 떨어지다 132
발목을 잡다 059
발을 빼다 153
오금이 저리다 070

뒷 목 잡다 022
목에 칼이 들어와도 024
목에 힘을 주다 103

귀가 간지럽다 141
귀가 얇다 115
귀를 의심하다 107
귀에 못이 박히다 055
잠귀가 밝다 135

눈 딱 감고 034
눈감아 주다 079
눈꼴시다 144
눈독 들이다 056
눈에 들어오다 046
눈에 불을 켜다 105
눈에 쌍심지를 켜다 116
눈에 콩깍지가 씌이다 144
눈에 흙이 들어가도 071
눈이 높다 141
눈이 뒤집히다 036
눈이 맵다 114
도끼눈을 부라리다 126

어깨가 무겁다 138

이가 갈리다 106
입에 거미줄을 치다 032
입에 침이 마르다 055
입에 풀칠하다 127
입을 모으다 023
입을 씻다 138
입이 귀에 걸리다 138
입이 근질근질하다 132
입이 딱 벌어지다 144
입이 벌어지다 023
입이 짧다 033
혀를 내두르다 060
혀를 차다 024

가슴에 대못을 박다 150
간담이 서늘하다 069
간에 기별도 안 가다 090
간이 붓다 044
간이 콩알만 해지다 104
배 째다 141
배가 아프다 138
배꼽 빠지다 126
배꼽시계 035
허파에 바람 들다 135

# 그 밖에 관용 표현 찾아보기

## ㄱ
가방끈이 길다 059
가시방석 081
가지가지 하다 061
감을 잡다 132
강 건너 불구경하듯 045
개떡 같다 094
거짓말 보태다 068
고소하다 138
골탕 먹다 044
구워삶다 091
국물도 없다 147
군침을 흘리다 094
귀신이 곡할 노릇 045
그림의 떡 058
기름을 붓다 025
까마귀 고기를 먹다 125
깨가 쏟아지다 144
껌값 090
꿀맛 036
꿀이 뚝뚝 떨어지다 144

## ㄴ
나사가 빠지다 147
넘겨짚다 156

## ㄷ
담을 쌓다 117
도마 위에 오르다 021
돌을 던지다 156
두말하면 잔소리 069
뒤가 구리다 079
떼놓은 당상 058
똥 굵다 135
뚜껑이 열리다 047
뜨거운 맛을 보다 081
뜸 들이다 132

## ㅁ
마음이 굴뚝같다 124
말도 못 하게 034
멱살잡이하다 156
못을 박다 141
무늬만 153
미역국을 먹다 141

## ㅂ
바가지를 쓰다 037
밥맛 떨어지다 095
비행기를 태우다 147

ㅅ
상다리가 부러지다 091
색안경을 끼다 033
선을 넘다 082
솜방망이 083
숟가락을 얹다 153
심심치 않게 047

ㅇ
열에 아홉 115
염장 지르다 150
오리발을 내밀다 046
완장 차다 150
일보 직전 032

ㅈ
점찍다 103
지갑을 열다 037

ㅊ
찬물을 끼얹다 147
찬바람이 불다 159

ㅋ
칼을 갈다 138

ㅍ
파김치 082
파리 목숨 104

ㅎ
하늘을 찌르다 147
하늘이 노래지다 080
하루가 멀다고 022
한 걸음 물러나다 159
한턱내다 092
호박씨를 까다 147

작가의 말
# 재미있는 관용 표현으로
# 우리 생활도 재미나게 만들어요!

　맛있는 거 싫어하는 사람 있나요? 없을 거예요. 애어른 할 것 없이 사람들은 맛없는 것보다 맛있는 걸 더 좋아합니다. 그런데 사람에 따라 맛있다, 맛없다고 느끼는 기준은 다 다릅니다. 나는 달콤한 게 맛있는데, 내 친구는 얼큰한 게 맛있다고 생각하는 것처럼 말입니다. 그런데 아무 그릇에 대충 퍼 담은 음식보다 멋스러운 그릇에 멋스럽게 담으면 더 맛있어 보이고 먹고 싶어진다는 건 누구나 동의할 거예요. 똑같이 맛있는 음식이라도 어떻게 담아내느냐에 따라 더 맛있어 보이기도 하고 덜 맛있어 보이기도 합니다.

　재미난 거 싫어하는 사람 있나요? 없을 겁니다. 너나 할 것 없이 다들 재미난 것을 좋아합니다. 여기서 '재미나다'는 건, 배꼽 빠지게 웃기다는 뜻도 있고, 귀가 솔깃해지고 시선을 확 끌 만큼 흥미와 관심을 불러일으킨다는 뜻이기도 합니다. 똑같은 이야기라도 더 재미있어지기도 하고 더 재미없어지기도 합니다. 어떻게 표현하느냐에 따라 웃긴 이야기는 더 웃겨지고, 슬픈 이야기는 더 슬퍼지고, 놀라운 이야기는 더 놀라워질 수 있습니다.

　음식을 더 맛있게, 더 먹음직스럽게 보이고 싶다면 알록달록한 색깔이 다 들어가도록 재료를 골라 넣거나, 들기름을 뿌려 음식에 향과 맛은 물론이고, 윤기를 더해 군침이 돌게 만들기도 합니다. 그릇에 담은 후 파슬리 가루나 통깨를 솔솔 뿌리기도 하는데, 뿌리기 이전과 비교하면 그 차이가 엄청납니다.

　그럼 말을 더 재미나게 하고, 글을 더 재미나게 쓰려면 어떻게 해야 할까요? 다행히 말에도 들기름이나 통깨 같은 말이 있습니다. 같은 의미를 표현해도 좀 더 맛깔나고 재미나게 표현하게 도와주는 관용 표현입니다.

　"배고파."라고 말할 수도 있지만, 똑같은 의미를 "배꼽시계가 울려."라고 말하면 더 재미납니다. "화가 나."라는 말보다 "이가 갈려."라고 하면 분노가 더 잘 느껴집니다. "시험에서 떨어졌어."라고 말하기보다 "미역국을 먹었어."라고 하면 안 좋은 소식을 직접 말하지 않고 돌려서 말할 수 있습니다. "가까워."보다는 "코앞이야."라는 표현이 더 실감 납니다.

　이야기라는 음식에 관용 표현이라는 들기름을 두르고 통깨를 뿌려 더 맛있게, 더 먹음직스럽게 만들면 상대는 더 재미나게 듣고 읽을 수 있습니다. 관용 표현이 사용된 말이나 글로 이야기를 전하는 게 얼마나 좋으냐면, 영어, 중국어, 일본어, 독일어 할 것 없이 모든 언어에 관용 표현이 있을 정도입니다.

  우리는 말이든 글이든 이런저런 이야기를 하고 들으며 매일 생활합니다. 그러니 이 좋은 관용 표현을 써먹지 않는 건 보통 손해가 아닐 거예요. 재미있는 관용 표현으로 말도 재미나게, 글도 재미나게, 생활도 재미나게 만들어 보면 어떨까요?

# 1. 세상에 이런 법이!

## 뉴스가 되는 이야기

## 방귀 뀌다 걸리면 범죄자가 된다고?

아프리카 대륙 동쪽에 있는 말라위가 2011년에 세계의 관심을 받은 적이 있어. 말라위에서 환경 보호를 위해 공기를 더럽히지 말고 공공장소에서 예의를 잘 지키자는 아주 좋은 목적으로 한 법을 만들었는데, 도무지 이해할 수 없는 법이라며 외국 언론들의 도마 위에 올랐거든. 그도 그럴 것이 24시간 내내 집 안에서만 생활하는 사람을 제외하고는, 거의 모든 사람이 이 법을 어기지 않는 게 불가능한 대단히 골 때리는 법이었어. 특히 잘 먹고 잘 누고 잘 뀌는 건강한 사람들에게는 뒷 목을 잡게 만드는 법이었지.

이 법의 핵심은 '공기를 더럽히는 행위를 금지한다.'는 건데, 문제는 이 '더럽히는 행위'에 '공공장소에서 방귀 뀌기'도 포함된다는 거야. 한마디로 집 밖에서 방귀 뀌지 말라는 뜻이었고, 다들 이 법을 '방귀 금지법'이라 불렀어. 법이 발표되자 서양 언론에서 이 법을 엄청나게 놀려 댔어. '방귀 뀌다 걸리면 망신으로 끝나지 않고 범죄자가 된다.'는 식의 기사가 나간 거지. 이 법이 알려지자 하루가 멀다고 여러 신문과 방송에서 이 법안을 보도하며 '소장 대장 잘 간수해라, 그러다 방귀 나오면 범죄자 된다.', '더 이상 방귀는 신체 활동이 아니다, 범죄 행위이다.'라는 조롱 기사가 올라왔어.

기사로만 놀린 게 아니야. 서방 언론에서는 직접 말라위를 찾아가 시민들의 반응도 보도했는데, 놀랍지 않게도 시민들 역시 입을 모아 어이없다는 반응을 보였어. 다들 '이 법안을 듣고 입이 쩍 벌어졌다.'며, '세상 어디에 이런 법이 다 있느냐.', '소리도 냄새도 없는 방귀는 어떻게 잡을 셈이냐.' 하고 혀를 끌끌 찼어. 무엇보다 방귀는 건강과 생명을 유지하는 데 필수적인 신체 활동인데 목에 칼이 들어와도 방귀는 안 뀔 수 없다며 분노한 거야.

이 법안에 대해 말라위의 법무부 장관은 방귀를 뀌고 싶으면 화장실에 가면 된다며 '공공장소에서 소변이나 대변을 금지하는 것과 비슷하다.'고 주장했어. 솔직히 누가 봐도 어처구니없는 주장이잖아. 일단 방귀를 뀌는 것과 대변을 보는 건 완전히 달라. 또 '공기를 더럽히는 행위를 금지하자'는 게 목적인데, 화장실에서 뀌나 거리에서 뀌나 방귀라는 냄

새 나는 기체가 공기 중에 퍼지는 건 마찬가지니까.

그래서 어떻게 되었을까? 2011년 2월에 발표된 법은 정확히 '공기를 더럽히고 다른 사람의 기분을 상하게 하는 행위를 금지한다.'는 거였어. 법에 '공공장소에서 방귀 금지'라는 표현은 없었고, 단지 여기에 방귀도 포함되는 거 아니냐는 말이 나온 거야. '설마 방귀도 금지인가!' 하고 의구심의 불씨가 생긴 상황에서 장관이 "사람들이 아무 데서나 방귀를 뿡뿡 뀌어도 괜찮으냐."라며 방귀가 포함되는 듯이 말해서 기름을 부은 셈이 된 거지. 국민들의 반발도 심하고 외국에서 하도 놀려 대서일까, 장관은 공기를 더럽히는 행위에 방귀까지 포함되는 건 아니라며 발표한 지 한 달 만에 공공장소 방귀 금지 부분은 취소했대.

## 골 때리는 법, 진짜일까 가짜일까?

꽤나 골 때리는 법인데, 사실 골 때리는 법은 다른 나라에서도 찾을 수 있어. 콜로라도는 미국의 다른 주에 비해 빗물의 권리에 대한 법률이 복잡해서 빗물을 맘대로 받아서 쓰면 안 돼. 하늘에서 내린 빗물 갖고 왜 이래라저래라 말이 많냐, 이런 불만이 있어서 법률이 조금씩 바뀌었지만 지금도 마음대로 빗물을 받아 쓰다 법을 어길 수도 있어서 주의해야 한대. 자기 집에서 빗물을 받을 때는 110갤론(416리터)까지만 받을 수 있고, 이 물을 집 안으로 가져가 마시면 안 되고 잔디에 물을 주는 것처럼 집 밖에서만 빗물을 사용해야 해. 또 하늘에서 비가 내린다고 마당 아무 데나 양동이를 놓고 빗물을 받아 모아도 안 돼. 선홈통이라는 호스를 통해 지붕에서 아래로 내려온 빗물만 받아야 한대. 비가 올 때마다 경찰이 동네방네 다니며 누가 빗물을 불법적으로 모아서 사용하나 감시하는 건 아니지만 아무튼 이런 법이 있다니, 골 때리는 법일 뿐만 아니라 까다롭기까지 해.

이탈리아의 카프리라는 도시에서는 걸을 때 요란한 소리가 나는 신발을 신는 건 불법 행위야. 이를테면 나막신은 금지야. 굳이 나막신을 금지할 건 뭔가, 아주 골 때리는 법이네, 싶지? 굽이 높은 여성용 구두인 하이힐도 걸을 때 또각또각하는 소리가 나는데, 이것도 금지일까? 나막신, 하이힐 이렇게 금지된 신발 종류가 구체적으로 표시된 건 아니고, 소음으로 남에게 피해를 줄 수 있는 신발을 신으면 안 된다고 되어 있어. 다만 이탈리아는 조약돌이나 자갈이 깔린 길이 많아서 다른 신발에 비해 나막신이 남달리 요란한 소리를 내는 건 사실이야. 카프리에 여행을 갈 때 나막신은 챙기지 않는 게 좋겠어. 나막신을 갖고 있다면 말이야.

사모아에서는 남편이 아내의 생일을 까먹으면 불법이고, 티베트의 수도승은 중국 정부가 허가하지 않았는데 환생하면 불법이야. 믿기 힘들지만 실제로 법전에 명시되어 있어. 사모아의 경우 가족의 가치, 가족 간 행사에 대한 특유의 문화가 반영되었다고 할 수 있는데, 실제 아내 생일을 까먹은 남편을 교도소에 가두거나 하지는 않아. 사모아는 그렇다 치는데, 티베트 수도승이 환생하기 전 중국 정부의 허가를 받아야 한다는 건

솔직히 진짜 어처구니없잖아. 환생이라는 게 죽은 뒤에 다시 태어나는 건데, 환생인지 처음 태어난 건지 자체를 확인할 수 없으니까. 2007년에 공식적으로 중국 정부가 통과시킨 이 법은 마음대로 환생하지 못하게 한다기보다, 티베트만의 독특한 불교를 통제하기 위해서야. 티베트 불교는 죽었다가 다시 태어나는 환생을 믿는데, 티베트 불교의 최고 지도자 달라이 라마는 계속해서 새로운 몸으로 환생해. 2024년 기준으로 달라이 라마는 14번째 환생이야. 108가지 시험을 통해 환생한 라마(수도승)인지 확인한다고 해. 티베트는 달라이 라마를 중심으로 중국에서 독립하려고 애쓰거든. 그래서 중국 정부가 이런 골 때리는 법을 만든 거야.

골 때리는 법으로 유명한 몇 가지 법 중에 실제가 아닌, 그러니까 거짓 소문인 경우도 있어. 프랑스에서는 돼지 이름을 지을 때 먹보, 꿀꿀이, 이렇게 지어도 되고, 철수, 영희 이렇게 지어도 되지만 '나폴레옹'이라 지으면 불법이라는 거 들어 본 사람 있니? 프랑스의 영웅 나폴레옹에 대한 모욕이기 때문이라는 건데, 사실이 아니야. 조지 오웰의 소설 《동물농장》에 등장하는 돼지 이름이 나폴레옹이라서 이런 얘기가 나온 듯한데, 프랑스에 돼지 이름에 관한 법은 없으니까, 돼지를 나폴레옹이라 불러도 경찰이 잡아가지 않아.

## ★ 맛깔스러운 관용 표현

### 1.

**도마 위에 오르다**  무언가 비판 대상이 되다

도마는 양파나 두부를 칼로 써는 넓고 평평한 판이야. 도마에 식재료를 놓고 썰 듯 무언가 논란의 대상이 된 것(사람, 사건, 물건 등)을 두고 '잘했네, 못 했네' 하며 비판한다는 뜻이야.

— 과거 학창 시절 친구를 괴롭힌 사건이 최근 도마 위에 오르자, 그는 사과문을 발표했어.

✎ _____
_____

### 2.

**골 때리다**  어이없고 터무니없다

여기서 '골'은 '뇌'야. 腦(골 뇌)라는 한자가 있지. 단어 그대로 뇌를 때린다는 건데, 만화에서 너무 황당한 일을 당하면 손으로 자기 머리를 탁 치잖아. 어이없고 터무니없다는 의미야.

— 빵이랑 우유 사 오라고 천 원을 주면서 거스름돈을 가져오라니, 정말 골 때리네.

✎ _____
_____

## 3.

**뒷 목 잡다**  분노, 충격을 느끼다

분노나 충격을 느끼면 순간적으로 혈압이 높아지기도 하는데, 갑자기 혈압이 높아지면 목 뒤 혈관이 뻐근한 느낌이 들어. 뒷 목 잡는다는 표현은 혈압이 올라 목 뒤에 손이 갈 정도로 분노나 충격을 느낀다는 뜻이지.

— 유통 기한이 지난 음식을 속아서 비싼 값에 샀다니, 뒷 목 잡을 일이야.

✎ _____
_____


## 4.

**하루가 멀다고**  거의 날마다

하루도 멀기 때문에 이틀까지 갈 수 없다, 즉 '매일' 또는 '거의 매일'이라는 뜻이지.

— 게임기가 한 번 고장 나서 고친 이후, 하루가 멀다고 고장이 나서 그냥 버렸어.

✎ _____
_____

## 5.

**입을 모으다**  같은 생각으로, 동의하여

실제 입과 입을 모으는 게 아니라, 입들이 같은 의견을 말한다, 즉 동의한다는 의미지.

— 쉬는 시간마다 휴대폰 게임을 하자는 의견에 친구들은 입을 모아 '훌륭한 생각'이라고 칭찬했어.

## 6.

**입이 (쩍) 벌어지다**  매우 놀라다

만화나 영화에 너무 놀라면 턱이 아래로 쑥 빠지면서 입이 벌어지는 장면이 종종 나와. 바로 그런 상황에 쓰는 표현이야. 실제 놀라면 입이 벌어지기도 해.

— 이틀 동안 오직 과자만 먹었다는 친구의 말에 모두 입이 벌어졌고, 제정신이냐고 물었어.

## 7.

**혀를 (끌끌) 차다**  마음에 들지 않다, 언짢아하다

마음에 안 드는 일을 보면 혀를 앞니에 대며 '쯧쯧' 소리를 내는데, 이걸 혀를 찬다고 해.

— 동생 장난감을 빼앗고 재미있어하는 친구를 보며 나는 한심하다는 표정으로 혀를 찼어.

✏️ _____

## 8.

**목에 칼이 들어와도**  죽을 각오로, 무슨 일이 있어도

목에 칼이 들어오면 죽잖아. 말 그대로 죽더라도, 죽을 각오로, 이런 뜻이야.

— 나는 목에 칼이 들어와도 저렇게 괴상한 옷을 입고 학교에 가지는 않겠어.

✏️ _____

## 9.

**기름을 붓다**  감정, 행동을 더 심하게 만들다

기름은 불을 더 활활 타오르게 만들어. 불난 집에 부채질한다는 속담과 비슷한 의미야. 이미 문제(불)가 있는데, 문제를 해결하기는커녕 여기에 기름을 부어 더 심한 문제로 만든다는 뜻이지.

— 안 그래도 빵점을 맞아 우울한데 짝이 내 점수를 소문내다니, 불난 집에 기름 부은 격이잖아.

# 2. '아' 다르고 '어' 다르다

## 쌍안경? 색안경!

## 먹을까 말까, 그것이 문제로다!

**입에 거미줄을 쳐도** 이건 안 먹어! 이런 음식 있니? 사실 입에 거미줄을 칠 정도로 굶주렸다면 '안' 먹는 음식은 없을 거야. 굶어 죽기 **일보 직전**이지만 도저히 '못' 먹겠다, 이럴 수는 있지. 지금 소개할 이 음식에 이런 반응을 보이는 사람이 많아. **입이 짧아서** 그런 게 아니야. 평소 가리는 음식 없이 잘 먹는다는 사람도 이건 먹기 어려워해. 심지어 먹기 전부터 '토 나온다'고 말하기도 해.

문제의 음식은 바로 치즈야. 이탈리아 사르데냐에서 생산되는 이 치즈의 이름은 카수 마르주인데, '썩은 치즈'라는 뜻이야. 사실 치즈는 발효 식품이니까 썩었다고 할 수 없지. 썩은 음식은 못 먹지만 발효된 음식은 먹을 수 있으니까 둘은 완전히 달라. 썩은 배추는 버려야 하지만, 발효된 배추인 김치는 맛있고 건강에도 좋은 것처럼 말이야. 아무튼 실제로 썩어서 못 먹는 음식도 아닌데 입에 거미줄을 치더라도 안 먹겠다는 소리를 듣는 건, 카수 마르주를 좋게 표현하면 독특하고 나쁘게 표현하면 끔찍하기 때문이야.

'끔찍하다'고 표현한 결정적인 이유는, 카스 마르주 안에 치즈 파리 애벌레가 아주 많아서 그래. 파리 애벌레는 말로만 듣던 바로 그 구더기 맞아. 웬만해서 아기는 안 예쁘기가 쉽지 않은데, 파리의 아기인 구더기는 아기인데도 흔치 않게 안 예쁜 경우지. 치즈를 잘 보면 안에 꿈틀거리는 (가끔은 튀어 오르는) 구더기가 엄청 많아. 치즈 안에 구더기가 우글거리는 것만으로도 매우 끔찍한데, 이보다 더 끔찍한 건 살아 있는 구

더기를 치즈와 함께 씹어 먹는다는 점이야. '구더기' 하면 쓰레기를 좋아하는 파리의 아기라서 일단 더럽다는 색안경을 끼게 되지만, 카수 마르주의 구더기는 먹어도 되는 나름 깨끗한 구더기야. 물론 외모는 혐오스럽지만.

 치즈를 어떻게 관리했길래 위생 상태가 이 지경인가! 뷰노할 필요 없어. 치즈 제조업자들이 치즈 덩어리의 껍질을 뜯어낸 뒤 치즈 파리가 많은 곳에 일부러 놔둔 거니까. 그럼 파리가 냄새를 맡고 치즈 안에 알을 잔뜩 낳아. 알에서 나온 구더기들은 치즈 덩어리를 헤집고 다니면서 치즈의 지방을 분해하고 독특한 물질을 남겨. 이를 다르게 표현하면 구더기들이 치즈 덩어리 속에 살면서 잘 먹고 잘 싼다고 할 수 있지. 이런 숙성, 발효 과정을 거치면서 치즈가 부드러워지고 다른 치즈에서는 찾아볼 수 없는 말도 못 하게 독특한 맛과 풍미가 생겨.

일단 암모니아 냄새가 매우 강해. 이건 놀랄 일이 아닌 게, 원래 소변에는 암모니아가 들어 있거든. 도대체 구더기 녀석들이 치즈에 무엇을 싸지른 것인가! 분노할 필요 없어. 그러라고 치즈 껍질을 뜯어내 치즈 파리를 불러들인 거니까. 그리고 암모니아 냄새만큼이나 강렬한 게 또 있는데, 바로 맛이야. 치즈의 톡 쏘는 맛이 얼마나 강렬한지 먹고 나서 양치하고 몇 시간 지나도 혀에 치즈 맛이 느껴질 정도야.

아무리 냄새와 맛이 독특하다고 해도, 살아서 꿈틀거리고 간혹 튀어 오르는 구더기를 씹어 먹는 것보다 더 독특할 수는 없지. 징그럽긴 해도 신기한 음식을 경험하고 싶다면 눈 딱 감고 한 번 먹어 봐. 그냥 하는 말이 아니라 실제 눈을 감고 먹어야 할 수도 있어. 먹는 중간에 구더기가 느닷없이 눈이나 얼굴로 튀어 오를 수 있으니까. 1센티미터가 되지 않는 크기의 반투명한 구더기는 점프를 잘해서 자기 몸길이의 두 배나 뛰어 오를 수 있어서 보안경 같은 걸 쓰고 먹기도 해. 구더기를 골라내고 치즈만 먹기도 하는데, 살아 있는 구더기를 치즈와 함께 씹어 먹어야 진짜 카수 마르주를 먹는다고 할 수 있지.

## 이제는 먹고 싶어도 먹을 수 없는 치~즈

안타깝게도 유럽 연합은 이 치즈의 제조와 판매를 금지했어. 독특해서가 아니라 위험한 음식이라서야. 씹어 먹기 때문에 구더기가 입에서도 살아남기 힘들고, 혹시 안 씹혀서 위장에 들어가더라도 강력한 위산 때문에 구더기가 뱃속에서 살아남을 가능성은 높지 않아. 그런데 간혹 장까지 살아남은 불사조 뺨치는 구더기가 있어. 그럼 장에 염증이 생기거나 구더기의 빨판 같은 입이 장에 들러붙어 장 내벽에 구멍이 나기도 해. 독특한 치즈 좀 먹었다고 장에 구멍이 난다면, 그런 날벼락이 또 없겠지. 이런 위험에도 불구하고 워낙 전통이 깊은 음식이고 찾는 사람들이 꽤 있어서 사르데냐 지역을 중심으로 몰래, 그러니까 불법으로 카수 마르주가 거래되고 있어.

사람에 따라 '배꼽시계가 아무리 요란하게 울려도 구더기 치즈는 못 먹겠다.'고 말하기도 하지만 독특한 향과 질감이 아주 꿀맛이라며 카수 마르주라면 눈이 뒤집히는 사람도 있대. 값도 일반 치즈에 비해 비싼 편인데도 말이야. 구더기를 돈 주고 사 먹는다고 생각하면 이 치즈에 몇 푼이라도 낸다는 것 자체가 바가지를 쓰는 기분이지만, 카수 마르주를 위해 기꺼이 지갑을 여는 사람이 적지 않다니 사람의 입맛은 참 다양해.

### ★ 맛깔스러운 관용 표현

## 10.

**입에 거미줄을 치다** 너무 가난해서 먹지 못해 굶주리다

'산 입에 거미줄 치랴(굶어 죽지는 않을 것이다)'라는 표현에서 왔어. 먹고 씹으려면 입을 움직여야 하니까 거미가 거미줄을 칠 수가 없잖아. 얼마나 오랫동안 입안에 들어오는 음식이 없으면 거미가 거미줄을 다 치겠어.

— 나는 어렸을 때 얼마나 가난했는지, 입에 거미줄을 칠 정도로 굶기를 밥 먹듯 했어.

✎ _____
_____

## 11.

**일보 직전** 어떤 일이 일어나기 직전

'일보'는 '한 걸음'이니까, 한 걸음 바로 전, 즉 직전이라는 뜻이야.

— 저 아이가 넘어지기 일보 직전에 옆에 선 한 어른이 아이를 붙잡았어.

✎ _____
_____

## 12.

**입이 짧다**  음식을 심하게 가리다, 적게 먹다

두 가지 뜻이 다 쓰이는데, 문맥에 따라 의미를 잘 구분해야 해.

— 쟤는 입이 짧은 게 아니라, 음식 알레르기가 심해 못 먹는 음식이 많은 거야.
— 우리 집 식구들은 다들 입이 짧아서 식비가 많이 들지 않아.


## 13.

**색안경을 끼다**  편견이나 선입견을 품고 보거나 판단하다

색안경 즉 선글라스를 끼고 보면 실제와 다른 색깔로 보이듯, 편견이나 선입견이 있으면 실제와는 다르게 보거나 판단하게 된다는 뜻이야.

— 나는 성형수술에 반대하지 않기 때문에 성형한 사람을 색안경 끼고 보지 않아.

## 14.

**말도 못 하게**  매우, 대단히

'말로 표현할 수 없을 정도로, 말문이 막힐 정도로' 그러니까 한마디로 '몹시'라는 뜻이야.

— 그 사람 외모는 말도 못 하게 잘 생겼는데, 성격은 말도 못 하게 괴팍해.

## 15.

**눈 딱 감고**  이것저것 따지지 않고, 무조건

눈을 감은 것처럼 아무것도 보지 말고, 즉 '따지거나 조건을 붙이지 말고', 이런 뜻이지.

— 하기 싫은 건 알겠지만, 눈 딱 감고 일주일만 운동해 봐. 몸도 마음도 분명 달라질 거야.

# 16.

**~ 뺨치는**   ~보다 강한/더한/심한

앞에 어떤 낱말이 붙느냐에 따라 다양하게 활용되는 표현이야. '돼지 뺨치는'이라고 하면 돼지보다 더 잘 먹는, '놀부 뺨치는'이라고 하면 놀부보다 심술이 심한, 이런 뜻이 돼. 본문에서처럼 '불사조 뺨치는'이라고 하면 죽지 않는 새인 불사조에게 너보다 내가 더 오래 살 수 있어, 이러며 뺨을 찰싹 칠 정도라는 뜻으로 불사조보다 생명력이 더 강하다는 의미가 되지. 비슷한 표현으로 '~ 울고 갈'도 있어. '불사조 뺨치는=불사조도 울고 갈'

— 내 친구는 몸이 얼마나 유연한지 체조 선수 뺨치는 수준이야.

# 17.

**배꼽시계**   뱃속 허기진 느낌으로 시간을 대충 알아내는 것, 배고픔을 느끼는 것, 뱃속 꼬르륵 소리

마치 시계 알람이 울리듯 식사 시간이 되어 배가 고프면 꼬르륵 소리가 나는 것을 뜻해.

— 배꼽시계가 울리는 거 보니 점심시간이 다 된 모양이네.

## 18.

**꿀맛**  아주 맛있다

지금이야 설탕이 들어간 단 음식 천지지만, 단 음식이 별로 없던 오래전에는 꿀을 먹으면 참 맛있다고 느꼈겠지. 그래서 실제 단맛이 아니라도 맛있을 때 꿀맛이라는 표현을 써.

— 저 식당의 갈비찜은 꿀맛이라 식사 시간에는 기다리는 손님 줄이 아주 길어.

## 19.

**눈이 뒤집히다**  어떤 일/것에 집착하여 이성을 잃다

보통 무언가를 비정상적으로 좋아하거나 집착하거나 흥분했을 때 쓰는 표현이야. 눈알이 뒤로 넘어가 눈의 흰자가 보이는 상황이지.

— 누군가 강아지를 괴롭히는 걸 보자 나는 눈이 뒤집혔고, 고함을 치며 그 사람을 쫓아냈어.

## 20.

**바가지를 쓰다**  합리적인 값보다 더 비싼 값을 치러 손해를 보다

바가지는 '박'이라는 식물의 열매로 속을 긁어낸 껍질 부분은 물을 풀 때 사용해. 유래가 확실하지 않은데, 머리에 바가지를 쓰면 눈이 가려져 값이 안 보여서 돈을 더 내게 될 가능성은 높겠지?

— 엄지손톱만 한 초콜릿을 만 원이나 주고 사다니, 완전 바가지 썼네.

## 21.

**지갑을 열다**  돈을 내다

지갑을 연다는 건 돈을 낸다는 뜻이고, 돈을 낸다는 건 무엇을 산다는 의미가 되지.

— 값이 만만치 않지만 최근 이 상품에 지갑을 여는 사람이 점점 많아지고 있어.

# 3. 뛰는 놈 위에 나는 놈

## 양육과 사육의 차이

## 괴도 루팡 위에 코알라

쌍둥이 중 일란성 쌍둥이는 머리부터 발끝까지, 외모는 물론이고 심지어 유전자까지 똑같은데 지문만은 달라. 이렇게 지문이 같은 사람은 한 명도 없어서 지구의 80억 명 사람이 다 다른 지문을 갖고 있어. 그래서 지금도 지장이라는 걸 찍어. 손가락의 지문을 도장처럼 찍는 거야. 도장이나 서명은 조작할 수 있는데 지문은 사람마다 다 달라서 조작할 수 없거든. 지문이 참 신기한 게, 지문이 손상되는 상처가 생겨도, 상처가 낫고 새살이 올라오면 이전과 지문도 똑같아.

그럼 지문은 사람만 갖고 있을까?

인간과 비슷하다고 여기는 침팬지, 원숭이 같은 영장류는 지문이 있어. 얘들은 생긴 게 우리랑 비슷하니까 지문도 있구나, 생각이 들지. 다만 영장류 지문은 인간의 지문과는 달라서 구분하는 게 어렵지 않아. 그런데 우리랑 비슷하지 않은데도 지문 하나는 입이 쩍 벌어지게 비슷한 동물이 있어. 바로 코알라야.

코알라의 지문이 인간의 지문과 얼마나 비슷하냐면, 코알라가 사는 호주에서는 범죄 사건을 조사할 때 코알라 때문에 골탕 먹는 일이 종종 있어. 예를 들어 볼게.

국가에서 보호하는 아주 오래되고 귀중한 유물을 누군가 훔쳐 갔어. 유물이 있던 자리에 아주 선명한 지문이 사방에 찍혀 있어. 범인은 보통 지문을 남기지 않으려고 장갑을 끼거든. 지문을 남겼다는 건 잡을 테면 잡아 보라는 식인데, 아무래도 간이 부은 녀석인 듯해. 지문을 쫓아가

　보니 범인은 창문을 통해 도망갔어. 창틀과 창문 옆 벽에도 지문이 발견되었거든. 문제는 여기서부터야. 창문 밖은 풀밭 정원이라 더 이상 지문이 발견되지 않았는데, 이상하게 땅에 신발 자국이 전혀 없었어. 지문을 조회했지만 이전 범죄자 중에 일치하는 지문이 없어. 범인은 창문을 통해 나갔지만 발자국 하나 남기지 않았다면, 하늘로 날아간 걸까? 정말 그렇다면 귀신이 곡할 노릇이지.

　그때 절도 현장인 박물관 근처 나무에서 귀엽고 앙증맞은 얼굴로 강 건너 불구경하듯 지켜보는 코알라가 경찰의 눈에 들어왔어. 얼른 달려가 코알라를 체포해서 지문을 채취해 보니, 현장에서 나온 지문과 일치하잖아! 경찰이 "코알라, 너를 절도 혐의로 체포하겠다. 현장에서 네 지문이 나왔으니 오리발을 내밀어도 소용없어!" 이랬을까?

물론 코알라는 도둑이 아니야. 도둑이 열어 놓은 문으로 박물관에 들어와 먹을 것이 없는지 살펴보며 사방에 자기 지문을 무지하게 많이 남긴 후 창문을 통해 나간 거지. 지문 증거만 뒤쫓다 범인을 잡고 보니 코알라인 황당무계한 이런 일이 심심치 않게 발생하다 보니, 호주의 범죄학 교과서에 인간의 지문과 코알라 지문을 구분하는 방법이 나와 있대. 코알라 때문에 범인도 못 잡고 시간만 낭비한다면 경찰로서는 뚜껑이 열릴 일이니까.

## 지문이 있는 이유

참고로 코알라는 호주에서만 살아. 당연히 동물원의 코알라는 호주에서 데려온 애들이야. 그래서 코알라의 지문과 인간의 지문이 헷갈리는 난감한 일은 호주에서만 일어나. 우리는 동물원에 가야만 코알라를 볼 수 있지만 호주에서는 어렵지 않게 코알라를 만날 수 있어.

그럼 코알라는 어쩌다 인간과 거의 비슷한 지문을 갖게 된 걸까?

입이 짧은 동물로 전 세계 1위라면 단연 코알라야. 입이 짧기로 판다도 만만치 않은데, 그래도 판다는 대나무와 죽순(대나무 잎)을 주로 먹지만 다른 종류의 식물을 약간 먹을 수 있거든. 그런데 코알라는 독성을 가진 유칼립투스잎만 먹어. 코알라는 수백 종류의 유칼립투스잎 중 냄새와 촉감으로 독성이 덜한 종류를 골라낼 수 있대. 냄새도 맡지만 손 같은 앞발로 만져 보고 아주 미세한 차이를 느낌으로 구별해내는 거야. 아마도 이 때문에 코알라에게 지문이 있는 거 같아. 지문이 있으면 촉감을 섬세하게 느끼는 데 도움이 되거든. 또 나뭇가지를 붙잡는데 지문이 있으면 미끄러지지 않는 데도 도움이 되니까 코알라에게는 지문이 이래저래 꼭 필요해.

그럼 지문을 가진 또 다른 동물들이 있을까? 사람과 비슷한 지문은 침팬지, 고릴라 같은 영장류와 코알라 외에는 없어. 다만 고래 종류 중 돌고래는 피부에 지문처럼 독특하게 파인 홈 같은 게 있는데, 이게 돌고래마다 달라서 일종의 지문이라고 할 수 있어. 피부가 갑옷인 천산갑의 비늘 모양도 다 달라서 비늘 모양이 일종의 지문처럼 천산갑을 구분할 수 있는 특징이야. 참고로 천산갑은 파충류처럼 보이지만 새끼를 낳고 젖을 먹여 키우는 포유류야.

### ★ 맛깔스러운 관용 표현

## 22.

**골탕 먹다**  곤란한 상황에 처하다, 손해를 입다

'골탕'은 '손해, 곤란'이라는 뜻이야. '골리다=약 올리다, 놀리다' 표현과 헷갈리지 않도록 주의!

— 그 녀석 거짓말 때문에 내가 골탕 먹은 게 한두 번이 아니야. 걔랑 이제 절교야.

## 23.

**간이 붓다**  매우 대담하다, 겁이 없어 지나친 행동이나 말을 하다

우리 몸의 장기 중 하나인 간의 기운이 커지면 간도 커지는 데서 나온 표현으로, 단순히 대담한 정도가 아니라 너무 대담하고 겁 없이 행동한다는 뜻이야. 그리고 간에 지방이 쌓여도 간이 커지기도 하니까, 간이 크다는 건 좋은 게 아니야. '간이 크다'는 표현 역시 '대담하다, 겁이 없다'는 뜻으로 쓰여. 종종 '용감하다'는 의미로 쓰이기도 해.

— 우리 반에서 제일 힘이 센 친구한테 덤비다니, 너 간이 부었구나.

## 24.

**귀신이 곡할 노릇**  신기하여 이해할 수 없는 상황

속담이기도 한데, 귀신조차 무슨 상황인지 몰라 곡할 정도인 경우를 의미해. '곡하다'는 크게 운다는 뜻이야.

— 쟤는 공부 한 자 안 하고 놀기만 하는데 어떻게 시험 볼 때마다 백 점을 맞지? 귀신이 곡할 노릇이야.

## 25.

**강 건너 불구경하듯**  자신과 관계없는 일이라며 무관심하게 쳐다보다

우리 집이나 바로 옆집에 불이 난 게 아니라, 저 멀리 강 건너편 쪽에 불이 나면 화들짝 놀라지 않잖아. 나랑 상관없다며 무관심하게 구경만 하는 모양새를 의미해.

— 유리그릇이 깨지자 나는 어떻게든 빨리 치우려고 애를 쓰는데, 형은 강 건너 불구경하듯 쳐다보기만 했어.

## 26.

**눈에 들어오다**   보이다, 눈에 띄다

'눈에 들다' 표현과 헷갈리지 않도록 주의해. '눈에 들다=마음에 든다'

— 환경, 기후 위기에 관한 책을 읽고 나니까, 이전과 달리 환경 문제를 다룬 신문 기사가 눈에 들어오더라고.

🖉 _____
_____

## 27.

**오리발을 내밀다**   잘못을 숨기고 딴전을 부리다

'닭 잡아먹고 오리발을 내민다.'는 속담에서 나온 표현이야. 닭을 몰래 잡아먹은 후, 마치 자신이 오리는 먹었지만 닭 없어진 건 모르는 일이라는 듯 행동한다는 의미지.

— 내 과자를 몰래 꺼내 먹는 걸 내가 창문으로 다 봤는데도, 친구가 아니라며 오리발을 내밀어.

🖉 _____
_____

## 28.

**심심치 않게**  자주, 흔히

아무 일도 일어나지 않으면 심심하잖아. 심심하지 않을 정도로 자주, 빈번하게, 이런 의미야.

— 요즘 인터넷에서 이 단어를 심심치 않게 볼 수 있는데, 무슨 뜻인지 모르겠어.

🖉 _____

_____


## 29.

**뚜껑이 열리다**  대단히 화가 나다, 분노하다

여기서 '뚜껑'은 머리 뚜껑이라고 볼 수 있어. 머리에 뚜껑이 있는데, 너무 화가 나고 열불이 나서 머리의 뚜껑이 열리는 상황이지. 주전자에 물이 끓으면 뚜껑이 들썩이다 열리는 걸 상상해 봐.

— 이 친구가 급식 시간마다 새치기하니까 오늘은 내가 뚜껑이 열려서 제대로 줄을 서라고 버럭 소리쳤어.

🖉 _____

_____

# 4. 앞서가거나 이상하거나

# 짧은 게 어때서!

## 예술가야, 과학자야?

레오나르도 다빈치, 다들 들어 본 이름이지? 르네상스 예술에 관해 공부하거나 관심이 많은 사람은 귀에 못이 박히게 듣는 이름이기도 해. 이분은 1452년에 태어나 1519년에 67세의 나이로 세상을 떠난 이탈리아 출신의 화가야. 사실 조각가이기도 하고, 과학자이기도 하고, 음악가이기도 하고, 문학가이기도 하고……. 이 외에도 정말 다양한 분야에서 뛰어나게 활동한 말 그대로 '천재'였어.

〈모나리자〉, 〈최후의 만찬〉 같은 그림이 워낙 유명하다 보니, '레오나르도 다빈치=화가'로 생각하는 사람이 많아. 당연히 그의 그림은 모두가 입에 침이 마르도록 칭찬하지. 그런데 그림 말고도 입에 침이 마르도록 칭찬받아 마땅한 분야가 많은데, 그중 하나가 발명이야. 그가 활동한 여러 분야 중에서도 그의 천재성이 잘 드러난 분야로 발명이 **손꼽히는 건** 발명품들이 하나같이 시대를 앞섰기 때문이야. 이게 무슨 뜻이냐면, '이런 걸 만들면 좋겠다.'라며 그림으로 설명한 발명품들이 있는데, 친절하게 만드는 법을 다 적어 놨지만, 당시 기술로는 만들 수 없어서 발명되지 못했다가 수백 년 후에 만들어진 발명품이 많다는 뜻이야. 남들은 상상조차 못 하는 걸 생각해 내고, 심지어 당시 기술로 시도할 수 없는 방법이지만 만드는 방법까지 고안해 내다니, 보통 특이한 경우가 아닌 거지. 약 오백 년 전에, 기계 공학이라는 개념 자체가 없던 시기에 그는 기계 공학 분야의 천재였던 거야.

예를 들어 볼게. 말이 끄는 마차가 다니던 때, 레오나르도 다빈치는 비행기를 생각해 냈어. 사람이나 동물이 밀거나 끌지 않고도 움직이는 수레(자동차), 더 나아가 하늘을 나는 수레(비행기)를 생각해 낸 거지. 그런 게 있으면 좋겠다, 정도가 아니야. 그는 자동차의 엔진 역할을 하는 자체 동력을 갖춘 이동 수단을 고안하고, 이걸 어떻게 만들 것인지 그림으로 남겼어. 당시 사람들이 '이거 아주 기발한 게 대박 나겠네.' 이러면서 레오나르도 다빈치의 공책에 **눈독을 들이며** 그의 발명품을 사겠다고 너도나도 **발 벗고 나섰을까?** 당연히 그러지 않았어. 만들 수도 없을뿐더러 말도 안 된다고 생각했으니까.

그의 발명품 중에는 탱크도 있어. 무기를 장착하고 전쟁에서 적을 공격할 수 있는 자동차 스케치를 남겼는데, 지금은 딱 보면 탱크라는 걸 알 수 있지만, 당시에는 '이게 무슨 괴상한 물건인가.' 했을 거야. 탱크의 가치를 제대로 이해했다손 치더라도, 당시 기술로 만들 수가 없으니 그림의 떡이었을 테고. 지금 생각하면 아쉬운 일인데, 이 당시는 전쟁이 잦아서 이게 만들어졌다면 전쟁 승리는 떼놓은 당상이었을 거야.

레오나르도 다빈치 생전에 아무도 이해하지 못한 발명품 중에는 기가 차게도 로봇도 있다는 사실! 레오나르도 다빈치는 약 500년 전에 로봇 개념을 생각해 냈고, '자동 기계장치 기사'라 불렀어. 갑옷을 입고 칼과 창을 들고 싸우는 중세 시대 기사 말이야. 이 역시 마찬가지로 그가 살아 있던 당시에는 만들지 못했고, 수백 년이 지난 후 그의 공책에 나온

설명과 그림을 토대로 그대로 만들어 보았더니 기사 모습의 로봇이 두 발로 서서 손과 팔을 자유롭게 움직일 수 있었대. 당시 뒤떨어진 기술이 **발목을 잡지** 않았더라면 레오나르도 다빈치가 세계 최초의 로봇을 만들었을 거야. 이 정도면 특이한 게 아니라 기묘한 수준이지.

천재라는 표현조차 부족해 보이는 레오나르도 다빈치는 놀랍게도 **가방끈이 길지** 않아. 집에서 라틴어와 수학을 조금 배웠고, 십 대 때 화가에게서 그림을 배웠을 뿐 정식 학교에 다니며 학위를 딴 적이 없어. 그런데 무식은커녕 유식 그 자체였지. 특히 의대에 다닌 적이 없는데도 인체의 내부와 장기, 신체 구조 등 해부학에 대한 그의 지식은 의사도 **혀를 내두를** 정도였어. 이 정도면 기묘한 수준을 넘어 경이롭다 할 수밖에.

한 가지 더, 그의 거울형 글쓰기도 빼놓을 수 없어. 그는 양손잡이로 양손을 다 능숙하게 사용했어. 한 손으로 글을 쓰고 다른 손으로 그림을 그렸다는 이야기도 있지. 그런데 글씨를 쓸 때 오른쪽에서 왼쪽으로, 즉 일반적으로 글을 쓰는 방향과 반대로 썼어. 그래서 글을 거울에 비춰 보지 않고 그냥 보면 암호 같아서 무슨 내용인지 알기 어려워. 이런 식으로 쓰는 걸 거울형 글쓰기라고 해.

글 쓰는 거 하나도 이렇게 일반인과 달랐다니, 누가 천재 아니랄까 봐 참 **가지가지 했네**.

## 천재가 흔한가?

참고로 레오나르도 다빈치와 미켈란젤로를 헷갈리는 경우가 있는데, 둘은 다른 사람이야. 다빈치는 1452년에, 미켈란젤로는 1475년에 태어났는데 둘 다 이탈리아 사람이야. 둘 다 모두가 인정하는 천재였고 예술가였어. 같은 나라에 사는 두 천재는 서로 아는 사이였는데, 성격이 달라서인지 서로를 별로 좋아하지는 않았다고 해. 둘이 살던 시대를 르네상스 시대라고 부르는데, 누가 더 잘났다 하기 힘들 정도로 둘 다 잘난 르네상스 시대의 대표적인 천재 예술가야. 그림 〈모나리자〉와 그림 〈최후의 만찬〉은 다빈치의 작품이고, 조각 〈다비드 상〉과 그림 〈최후의 심판〉은 미켈란젤로의 작품이야. 이탈리아 출신의 할리우드 영화배우 레오나르도 디카프리오와 레오나르도 다빈치는 친척도 아니고 그냥 같은 이탈리아 출신일 뿐이야. 또 애니메이션 〈닌자 거북〉의 미켈란젤로는 천재 예술가 미켈란젤로를 따라 한 이름이지, 닌자 거북의 미켈란젤로가 천재 예술가인 건 아니야.

## ★ 맛깔스러운 관용 표현

## 30.

**귀에 못이 박히다**  같은 말을 여러 번 반복해 듣다

여기서 못은 망치로 두드려 나무에 박는 그 못이 아니라, 피부 어느 한 곳에 반복해서 자극을 주면 단단해지면서 굳은살이 생기는데, 그 굳은살을 의미해. 같은 말을 계속 들으니까 귀에 굳은살인 못이 생길 정도라는 의미지.

— 양치할 때 혀도 닦으라는 소리를 귀에 못이 박히도록 듣지만, 양치할 때마다 까먹어.

## 31.

**입에 침이 마르다**  다른 사람, 물건 등에 대해 거듭 칭찬하여 말하다

— 그는 이 그림이 지금까지 본 그림 중 가장 훌륭하다며 입에 침이 마르도록 칭찬했어.

## 32.

**손꼽히다**  여럿 중 뛰어나다고 여겨지다, 지목되다

손가락을 꼽는다는 의미로, 다섯 손가락 혹은 열 손가락에 꼽힌다는 건 수많은 것 중 5위 혹은 10위 안에 든다는 뜻이지. 좋은 의미로 손꼽힐 수도 있고, 나쁜 의미로 손꼽힐 수도 있어.

— 영화에 악당이 많이 나오는데, 그중에서 최악으로 손꼽히는 악당은 단연 조커지.

## 33.

**눈독 들이다**  욕심을 내어 눈여겨보다, 몹시 갖고 싶어 하다

'눈독'은 눈의 독기라는 뜻으로 '독을 품은 눈'이라는 살 떨리는 표현인데 '눈독 들이다'라고 하면 갖고 싶은 마음이 아주 강해서 마치 독기를 품은 눈 같다, 그런 의미지.

— 며칠 전부터 꼭 사 먹겠다고 눈독 들인 빵이 있었는데, 오늘 가니다 팔리고 없어.

## 34.

**발 벗고 나서다**  적극적으로 나서다

발은 다리에 붙어 있어서 양말처럼 벗을 수 없으니까 말이 안 되는 표현인데, 아무튼 맨발로 나설 정도로 적극적이다, 그런 의미야. '두 팔 걷어붙이다.'도 같은 의미인데, 역시 옷소매는 걷어붙일 수 있지만 팔 자체를 걷어붙일 수는 없잖아. 마찬가지로 말이 안 되는 표현이지만, 의미는 소매를 걷어붙이고 적극적으로 나선다는 의미로 쓰여.

— 내 친구가 반장 선거에 나선다고 해서 나는 발 벗고 나서서 돕기로 했어.

## 35.

**그림의 떡**  아무리 좋아도 이용하거나 가질 수 없는 경우

그림 속에 아무리 맛있는 게 있어도 그림이니까 먹을 수 없어. 똑같은 의미의 영어 표현이 'pie in the sky 하늘 위 파이'야. 하늘에 떠 있는 파이는 아무리 먹고 싶어도 먹을 수 없잖아. 표현 방식이 우리말과 아주 비슷하지?

— 엄청 예쁜 옷을 세일하는데 나에게는 그림의 떡이야. 지금 돈이 한 푼도 없거든.

✎ _____
_____


## 36.

**떼놓은 당상**  확실하여 조금도 틀림이 없다

당상은 옛날의 높은 벼슬이야. 높은 벼슬을 할 게 분명하다, 그런 의미로 '떼어 놓은 당상'으로도 쓰여.

— 경기가 내일인데 훈련을 안 하고 놀기만 한다니, 경기에서 지는 건 떼놓은 당상이네.

✎ _____
_____

## 37.

**발목을 잡다** 남의 행동을 방해하다, 벗어나지 못하게 하다

발목을 누가 잡고 있으면 움직일 수 없잖아. 뭔가 하려는데 방해한다는 뜻이야.

— 내가 축구 득점왕이 될 수 있었는데, 다리 부상이 발목을 잡았어.

## 38.

**가방끈이 길다** 학력이 높다

보통 학교에 가방을 들고 가니까 이런 표현이 나온 거 같아. 가방끈이 길다는 건 오랫동안 학교에 다녔다는 의미로 대학교, 대학원에서 학위를 따거나 따려고 공부했다는 의미야. 반대로 '가방끈이 짧다'는 학력이 높지 않다는 의미야. 무식하다는 의미로 쓰이기도 하지만, 레오나르도 다빈치처럼 가방끈이 짧아도 무식하기는커녕 엄청 유식할 수도 있어.

— 우리 가족 중 가장 가방끈이 긴 이모는 지금 박사 학위를 따려고 공부 중이야.

## 39.

 너무 놀라거나 황당해하다, 어이없어하다, 감탄하다

긍정적으로 쓸 수도 있고, 부정적으로 쓸 수도 있어. 어이없어서 말문이 막힌다는 뜻도 있고, 너무 감탄해서 말문이 막힌다는 의미도 있지.

— 어제 한숨도 안 자고 밤새워 게임을 했다는 친구 말에 나는 기가 차서 혀를 내둘렀어.

## 40.

**가지가지 하다**   이런저런 여러 가지를 하다

'이 중에서 한 가지만 골라서 해' 이런 식으로 '가지'는 '종류'를 의미해. 그래서 이 표현은 다양한, 여러 가지의 일/행동을 한다는 뜻으로, 부정적인 느낌이 좀 있지만 본문에서처럼 반드시 부정적으로만 쓰이는 건 아니야.

— 세수 안 하고, 양말은 짝짝이에, 티셔츠는 거꾸로 입고서 지각까지 하고…… 참 가지가지 한다.

# 5. 그런 뜻이 아니라

## 잔뼈와 통뼈

## 나무가 물결친다

홍수로 인해 생긴 피해를 '수해'라고 하는데 한자로 '水 물 수+害 해 칠 해'야. 이 수해와는 다른 수해가 있어. 숲에 나무가 아주 많아서 마치 '나무의 바다' 같다, 그런 의미의 한자로 '樹 나무 수+海 바다 해'라는 수해도 있어. 울창한 나무가 바람에 흔들리면 마치 파도치는 듯하고, 빽빽하게 들어찬 나무 때문에 숲 안은 조용해. 일본 후지산 자락에 있는 유명하고 오싹한 수해를 소개할게.

이곳은 거짓말 보태지 않고 정말 '나무의 바다'야. 너무 울창해서 숲 속에 있으면 하늘이 잘 안 보이고 햇볕도 잘 들어오지 않을 정도거든. 나무와 나무 사이의 거리가 좁고 바닥은 얽히고설킨 나무뿌리까지 튀어나와서 등산에 잔뼈가 굵은 사람도 성큼성큼 시원하게 걷기가 쉽지 않아. 나무가 이렇게 많으니 공기 좋다는 건 두말하면 잔소리지. 삼림욕 하기도 좋고, 캠핑장도 있어. 산책로도 잘 정비되어 있고, 인근에 호수도 있고, 그 유명하다는 후지산도 보이고, 공원도 깔끔하고, 거기에다 한여름에도 얼음이 있다는 신기한 바위 동굴도 있어.

듣기만 해도 가고 싶은 마음이 펑펑 샘솟는 이곳은 기가 차게도 죽음의 숲으로 더 유명해. 죽음의 숲이라니, 간담이 서늘해지는 별명이지? 이런 무시무시한 별명을 갖게 된 건 '숲을 떠도는 귀신이 사람에게 죽고 싶은 마음이 들게 만든다.' 또는 '죽고 싶은 사람은 숲의 악마에 이끌려 홀린 듯 이 숲을 찾게 된다.'는 소문 때문이야. 그런데 이게 괜히 나온 얘기가 아니야. 안타깝게도 이곳에 와서 스스로 목숨을 끊는 사람이 많아.

실제로 매년 많게는 수백 건의 자살 시도가 벌어지고 그중 상당수가 성공하거든. 숲 곳곳에 일본어와 영어로 자살하지 말라는 문구가 적힌 표지판이 세워져 있을 정도야.

## 오싹해서 더욱 재미있는 바다

아오키가하라라는 이름의 이 수해는 소설 《파도의 탑》이 출판되면서 자살하고 싶은 사람들이 모이는 장소로 유명해졌어. 소설 속 등장인물들이 이 숲에서 자살하거든. 1974년에는 《파도의 탑》을 베개처럼 베고 누워 사망한 사람이 발견되기도 했어.

그런데 '죽음의 숲' 또는 '자살 숲'이라 불리게 된 게 오직 이 소설 때문만은 아니야. 아오키가하라는 입구만 있고 출구가 없어서 들어가면 나올 수 없다, 나침반이 작동하지 않기 때문에 나침반 들고 가도 소용없다, 이런 괴담이 널리 퍼져 있기도 해.

일단 아오키가하라에 출구가 없다는 건 사실이 아니야. 숲이 빽빽하긴 하지만 넓지 않은 데다 유명 관광지라서 안내 표지판이 많고 산책로도 잘 되어 있어서 얼마든지 잘 나올 수 있어. 또 이 숲에 들어가면 나침반이 제대로 작동하지 않는다는 소문은, 아무래도 귀신이 죽고 싶게 만든다는 **살 떨리는** 이야기 때문에 그런 소문이 난 모양인데, 사실이 아니야. 하지만 이 역시 괜히 나온 얘기는 아니야. 실제로 나침반이 헛돌기도 하는데, 그건 귀신 때문이 아니라 화강암 때문이야. 이 숲은 언제든 화산이 폭발할 수 있는 활화산인 후지산 자락에 있어서 화강암이 많아. 화산 폭발 때 용암이 굳으며 생긴 돌이 화강암인데 이 화강암에는 철

성분이 많거든. 나침반은 지구의 자석 성질과 나침반의 철이 만나 동서남북 방향을 알려 주잖아. 그래서 철 성분이 많은 화강암이 가까이 있으면 나침반이 제구실을 못 할 수 있지만, 화강암이 없거나 적은 데로 장소를 좀 바꾸면 나침반은 멀쩡하게 잘 작동해. 한마디로 괴담은 사실이 아니지만, 그럼에도 불구하고 이곳은 여전히 죽음을 부르는 숲으로 유명하고, 아직도 괴담을 믿는 사람이 많아서 아오키가하라를 배경으로 한 으스스한 소설도 많아.

이렇게 무섭고 기괴한 소문이 난무하는 곳이라 사람들이 오금이 저려 못 들어가겠다, 눈에 흙이 들어가도 안 들어간다, 이럴 것 같지만 놀랍게도 관광객이 많이 찾는 관광 명소야. '나무의 바다'가 아니라 '사망의 바다'라는 소문이 오히려 사람들의 호기심을 자극하는 거지. 죽음의 숲에 들어가 살아서 나올 용기와 담력이 있다면, 나무의 바다에 한번 빠져보는 것도 괜찮을 것 같아.

## ★ 맛깔스러운 관용 표현

## 41.

**거짓말 보태다**   과장하다

주먹 크기의 돌멩이를 집채만 한 바위라고 말한다면 정확히 말해서 거짓말이잖아. 거짓말을 보태지 않고 말한다는 건, 과장 없이 사실 그대로 말한다는 의미가 되지. '거짓말 조금 보태서'라고 하면 '약간 과장하면'이란 뜻이 되고, '거짓말 보태지 않고'라고 하면 '과장 없이, 말 그대로'의 의미가 돼.

— 거짓말 보태지 않고 그는 세계 최고 선수야. 그러니 금메달을 땄지.

## 42.

**잔뼈가 굵다**   특정 분야/일에 매우 익숙하다

어떤 일을 아주 오래 해서 (자잘한 가는 뼈가 굵어질 정도로) 능숙하게 잘한다는 의미로 보통 긍정적인 어감으로 쓰여.

— 그는 격투기에서 잔뼈가 굵은 사람이라 유도, 레슬링, 태권도 같은 걸 다 잘해.

## 43.

**두말하면 잔소리** 두 번 말할 필요가 없을 정도로 말한 내용이 틀림없다

두말하면 입 아프다, 두말이 필요 없다 등의 표현으로도 쓰여.

— 새우와 피자치즈가 듬뿍 들어갔으니, 이게 맛있다는 건 두말하면 잔소리지.

## 44.

**간담이 서늘하다** 몹시 놀라 섬뜩하고 두렵다

'간담'은 간과 쓸개인데, 따뜻한 몸속의 간과 쓸개의 온도가 떨어질 정도로 섬뜩하다, 무섭다는 뜻이야.

— 무더운 여름에 더워서 잠이 안 올 때는 간담이 서늘해지는 공포 영화를 봐야지.

## 45.

**살 떨리다**   공포, 분노, 불안 등으로 몸을 떨다

실제 너무 무섭거나, 너무 화가 나면 몸이 부르르 떨리잖아. 그래서 '살 떨리는'은 '무서운'의 의미로 쓰여.

— 가만두지 않겠다는 살 떨리는 협박 문자를 받은 즉시 나는 그를 경찰에 신고했어.


## 46.

**오금이 저리다**   무서워서 맥이 풀리고 마음을 졸이다

'오금'은 무릎 안쪽의 오목한 부분으로, 만화에서 공포심에 등장인물의 무릎이 달달 떨리는 장면이 종종 나와. 오금이 저린다는 뜻은 실제 무서워서 무릎의 오금 부분이 떤다는 의미일 수도 있고, 공포로 마음 졸인다는 의미도 돼.

— 나는 고소공포증이 있어서 높이 올라가는 놀이기구를 쳐다보기만 해도 오금이 저려.

## 47.

**눈에 흙이 들어가도**   죽어도, 절대로

눈에 흙이 들어간다는 건 죽음을 의미해. 죽으면 땅에 묻는 장례 관습을 생각해 봐. 앞서 '목에 칼이 들어와도'라는 표현이 있었는데, 둘 다 '죽어도/무슨 일이 있어도 ~는 못 한다/안 한다'는 의미로 쓰여.

— 엘리베이터에 갇힌 사고 후, 나는 눈에 흙이 들어가도 엘리베이터를 타지 않고 계단을 이용해.

# 6. 법 앞에선 모두가 평등해!

## 잘난 척하던 쪽파는 결국……

## 살인 돼지, 재판을 받다

중세 시대에는 동물도 재판을 받았어. 동물이라 해도 범죄 현장에서 딱 걸리면 눈감아 주지 않았던 거지. 농담이 아니고 실제 동물이 재판에 넘겨져 감옥에 갇히는 징역형이나 사형을 선고받기도 했어. 동물은 사람이 아니라서 법은 고사하고 낫 놓고 기역 자도 모르는 데다, 말을 못 하니 잘못했다고 말할 수도 없고, 손이 없으니 용서해 달라며 손이 발이 되도록 빌 수도 없잖아. 게다가 억울한 경우도 있을 텐데 동물이 어떻게 재판을 받나 싶지? 그런데 중세 시대 서양에서는 동물 재판에도 재판장, 검사, 변호사가 있어서 동물도 얼마든지 재판을 받을 수 있었어. 정말로 사람의 재판과 크게 다르지 않았다고 해. 물론 동물을 끌어와 피고인 자리에 앉히고 재판 중에 가만히 앉아서 조용히 재판을 받게 하는 건 쉽지 않았겠지만.

1400년대 프랑스에서 실제 있던 일이야. 돼지를 키우는 농장주의 다섯 살 아이가 사망하는 사고가 났어. 아이의 부모는 피투성이가 된 채 쓰러진 아이를 보자 처음에는 하늘이 노래졌고, 이내 분노했어. 사고 현장에는 여섯 마리의 새끼 돼지와 어미 돼지가 있었는데, 한눈에 봐도 뒤가 구려 보여. 돼지들 입 주변에 핏자국이 있었거든. 아들을 죽인 범인에게 아주 뜨거운 맛을 보여 주고 싶었는지 가족은 즉시 돼지들을 경찰에 신고했어. 당연히 일곱 마리 모두 현장에서 체포되었고 살인 사건의 용의자(범인으로 의심받는 자)가 되었어.

얼마 후 돼지들은 용의자가 아닌 피의자(범죄 혐의가 인정되어 재판에

넘겨진 자)로 바뀌었고, 죄다 재판에 넘겨졌어. 돼지들의 재판은 사람의 재판과 비슷했어. 판사인 재판장이 있고, 돼지에게 살인자에게 해당하는 벌을 주라는 검사, 그리고 돼지의 처지를 대변하는 변호사도 있었어. 당연히 돼지들은 피고(살인 사건으로 재판을 받도록 고소당한 자)로 피고석에 불려 나왔어. 피고석의 돼지들은 무슨 벌을 받을지 몰라 가시방석에 앉은 듯 안절부절못했을까? 꿀꿀거리며 계속 먹어야 하는데, 지루한 재판 내내 피고석에 가만히 묶여 있어서 나중에는 지쳐 파김치가 되었을까? 그건 기록이 없어서 알 도리가 없지만 재판 결과는 기록으로 남아 있어.

당시 상황, 증거, 증인들의 증언을 종합해 볼 때, 재판장은 돼지들이 농장주의 아들을 죽인 범인이 맞는다고 판단했고, 돼지들에게 사형을 선고했어. 주인의 어린 아들을 죽이다니, 아무리 동물이라도 이건 선을

**넘었다**고 본 거지. 다만 새끼 돼지들은 어려서 상황 판단을 잘할 수 없었고 그저 엄마를 따라 했을 뿐이라는 변호사의 주장은 재판장이 받아들였어. 그래서 주도적으로 살인을 저지른 엄마 돼지는 사형되었고 새끼 돼지들은 집행유예를 받았어. 집행유예는 유죄이지만 형벌을 내리지 않는 거야. 대신 집행유예 기간에는 또 다른 죄를 짓지 않나 감시를 받아. 당시 새끼 돼지들이 살인에 가담하고도 **솜방망이** 처벌을 받았다고 생각하는 사람도 있었을 것 같아.

아무튼 새끼 돼지들은 인근 농장에서 집행유예 기간을 보냈어. 집행유예 동안 또 다른 사람을 공격하거나 잡아먹지 않고 얌전히 사료만 먹으며 무럭무럭 뚱뚱하게 잘 자랐대. 그래서 모범수(모범적인 죄인)로 인정받아 나중에 사면(죄를 용서하여 형벌을 없애 줌.)되었어. 이제 살인 돼지가 아닌 그냥 돼지로 **두 다리 뻗고 잘** 수 있게 된 거지. 하지만 아마도 돼지들은 사면된 후 소시지가 되지 않았을까.

## 코끼리는 무슨 죄를 지었을까?

재미있게도 서양뿐 아니라 우리나라에도 동물 재판이 있었다는 기록이 있어. 조선 시대 3번째 왕인 태종이 일본 국왕에게서 코끼리를 선물받은 적이 있어. 코끼리는 원래 우리나라에 없는 동물인지라, 궁궐에 들어온 코끼리는 조선 사람들에게 대단히 놀라운 동물이었어. 거대한 몸에 털은 별로 없고, 무슨 이빨이 입안에 있지 않고 입 밖으로 쭉 삐져

나온 것도 모자라 코가 땅에 닿을 만큼 길었으니까. 어느 날 코끼리 소문을 들은 한 사람이 구경 가 보니 진짜 괴상망측한 동물인 거야. 이 사람이 괴상하고 못생겼다며 침을 뱉으며 코끼리를 골려 주었더니, 분노한 코끼리가 이 사람을 밟아 버렸고 이 사람은 사망했어.

 살인 사건이 나자 궁궐에서 재판을 열었어. 일종의 검사인 형조판서는 코끼리는 사형이 마땅하다고 주장했어. 하지만 코끼리처럼 희귀한 동물을, 그것도 일본 왕의 선물을 막 죽일 수 없어서 결국 귀양을 보내기로 했어. '유배'라고도 하는데 '귀양'은 집을 떠나 먼 곳으로 보내지는 벌이야. 살인을 저지르고도 귀양이라니, 이런 솜방망이 처벌도 없지만 아무튼 코끼리는 궁궐에서 쫓겨나 전라도의 한 섬으로 귀양을 갔어. 그런데 귀양살이 중 코끼리가 울고 콩도 안 먹어서 태종이 몇 달 후 귀양에서 풀어 주었어.

조선 시대에 코끼리가 사람을 죽인 후 재판을 통해 귀양을 가고 유배지에서 슬퍼하며 눈물을 흘렸다는 기록이 있다니, 참 신기하지. 이렇게 조선 시대에는 동물도 재판을 받았지만, 현재 법률과 사법 체계에서는 동물이 아무리 법을 많이 어겨도 재판에 넘겨지지 않아.

그런데 돼지 재판 이야기를 읽다 돼지가 사람을 잡아먹나, 궁금한 사람 있지? 참고로 개처럼 돼지 역시 잡식이라 풀도 먹고 고기도 먹어. 멧돼지만 위험하다고 생각하지만, 가축으로 키우는 돼지가 주인이나 사육사를 공격하거나 잡아먹는 일이 흔하지 않지만 있긴 있어. 2000년대 들어서도 미국 텍사스에서 가축으로 키우는 돼지의 공격으로 한 여성이 사망한 사건이 있었어.

## ★ 맛깔스러운 관용 표현

## 48.

**눈감아 주다**   보았지만 못 본 척 모른 척해 주다

단어 그대로의 의미야. 눈을 감으면 안 보이니까 마치 안 본 것처럼 해 준다는 뜻이지.

- 내 동생이 내 과자 봉지에 슬쩍 손을 넣고 빼 먹는 걸 보았지만, 귀여워서 그냥 눈감아 주었어.

✎ _____

_____


## 49.

**뒤가 구리다**   감춘 약점이나 잘못이 있다

방귀나 똥 냄새를 '구리다'라고 하는데, 남몰래 방귀를 뀌거나 똥을 누면 뒤가 구리겠지. 잘못이나 흠을 감추고 있다고 의심스러울 때 쓰는 표현이야.

- 쟤가 요즘 나를 슬슬 피하는 게 뒤가 구린 게 있는 거 같아. 나한테 뭐 잘못한 게 있나 봐.

✎ _____

_____

## 50.

**손이 발이 되도록 빌다**   잘못을 용서해 달라고 손이 닳도록 빌다

어찌나 손을 비비며 빌었는지 손바닥이 발바닥처럼 맨질맨질해진다는 뜻이니까, 간절히 용서를 구한다는 의미가 돼.

- 친구가 미술 시간 내내 공들여 그린 그림을 실수로 찢은 바람에 나는 손이 발이 되도록 빌어야 했어.

✏ _____

_____


## 51.

**하늘이 노래지다**   갑자기 기운이 빠지거나, 큰 충격으로 정신이 아찔해지다

원래 하늘은 파란색인데, 노랗게 보인다는 건 제정신이 아니라는 뜻이지. 너무 놀라거나, 충격을 받아 온몸의 기운이 다 빠지면 실제 노랗게 보일 수도 있어. '눈앞이 캄캄해지다.'라는 표현도 마찬가지야. 큰 충격을 받으면 순간적으로 앞이 잘 안 보이기도 하는데 거기서 나온 표현이야.

- 시험에 또 떨어졌다는 소식을 듣고 하늘이 노래졌어.

✏ _____

_____

## 52.

**뜨거운 맛을 보다**   고통, 어려움을 겪다

뜨거운 건 먹을 때 힘들고, 너무 뜨거운 건 먹다 화상을 입어 고통스럽다는 데서 나온 표현이야. 내가 뜨거운 맛을 볼 수도 있고, 남에게 뜨거운 맛을 보여 줄 수도 있지. '매운맛/따끔한 맛을 보여 주다.'라는 표현도 있는데, '고통스럽게 해 주다, 어려움을 겪게 하다.'는 의미까 비슷한 표현이야.

- 나한테 또 거짓말을 하다니, 이번에는 그냥 넘어가지 않고 녀석에게 뜨거운 맛을 보여 주겠어.

## 53.

**가시방석**   앉아 있기 불편하고 불안한 자리

푹신한 방석이 아니라 뾰족한 가시가 박힌 방석이라면 당연히 불편하겠지.

- 작년에 내가 괴롭혔던 친구와 같은 반이 되고 심지어 짝이 되니 가시방석에 앉은 것 같더라.

## 54.

**파김치**  몹시 지친 모습

김치가 되기 전의 파는 생생한데, 김치로 만들기 위해 소금에 절이고 고춧가루에 무치면 생생했던 파가 축 늘어져. 사람이 피곤하고 지치면 몸이 늘어지는데, 그걸 마치 파김치가 된 파와 비슷하다고 본 거야.

- 새벽부터 일어나 이삿짐 정리를 했더니 점심시간인데 벌써 파김치가 되었어.

✏️ _____
_____

## 55.

**선을 넘다**  넘지 말아야 할 한계를 넘다, 무언가 지나치게 하다

피구할 때 선 안에 있어야 하는데 선을 밟거나 넘어가면 아웃이잖아. 그거처럼 넘지 말아야 하는 한계를 넘는 행동이나 말을 하면 '선 넘었다'고 해.

- 툭 친 게 아니라 주먹으로 때렸어? 선을 넘어도 너무 많이 넘었네. 그건 장난이 아니라 폭력이야.

✏️ _____
_____

## 56.

**솜방망이** 법이나 관습에 비해 너무 가볍게 제한하거나 처벌하는 경우

나무 방망이로 얻어맞으면 엄청 아프지만 솜으로 만든 방망이는 맞아도 맞은 거 같지도 않겠지? 원래 단단한 방망이로 맞아야 할 정도로 잘못했는데, 솜방망이로 때려서 벌을 준 것처럼 보이지만 실제로는 전혀 아프지 않아서 벌을 안 받은 것과 같은 경우를 의미해.

- 시험 때 커닝했는데, 빵점 처리를 하지 않고 교실 청소를 시켰다고? 완전 솜방망이 처벌이네.

## 57.

**두 다리 뻗다**
**두 다리 뻗고 자다** 걱정하던 일이 끝나 마음을 편히 놓다

불안하거나 걱정되는 일이 있으면 다리를 뻗고 편하게 자지 못하고 자신도 모르게 몸을 웅크리게 되지. 두 다리를 뻗는다는 건 불안과 걱정에서 벗어나 마음이 편해진다는 걸 의미해.

- 그렇게 잘못한 게 많으니 두 다리 뻗고 잠을 잘 수 있겠어?

# 7. 소름이 오싹, 군침이 줄줄

## 정말로 개떡 같네

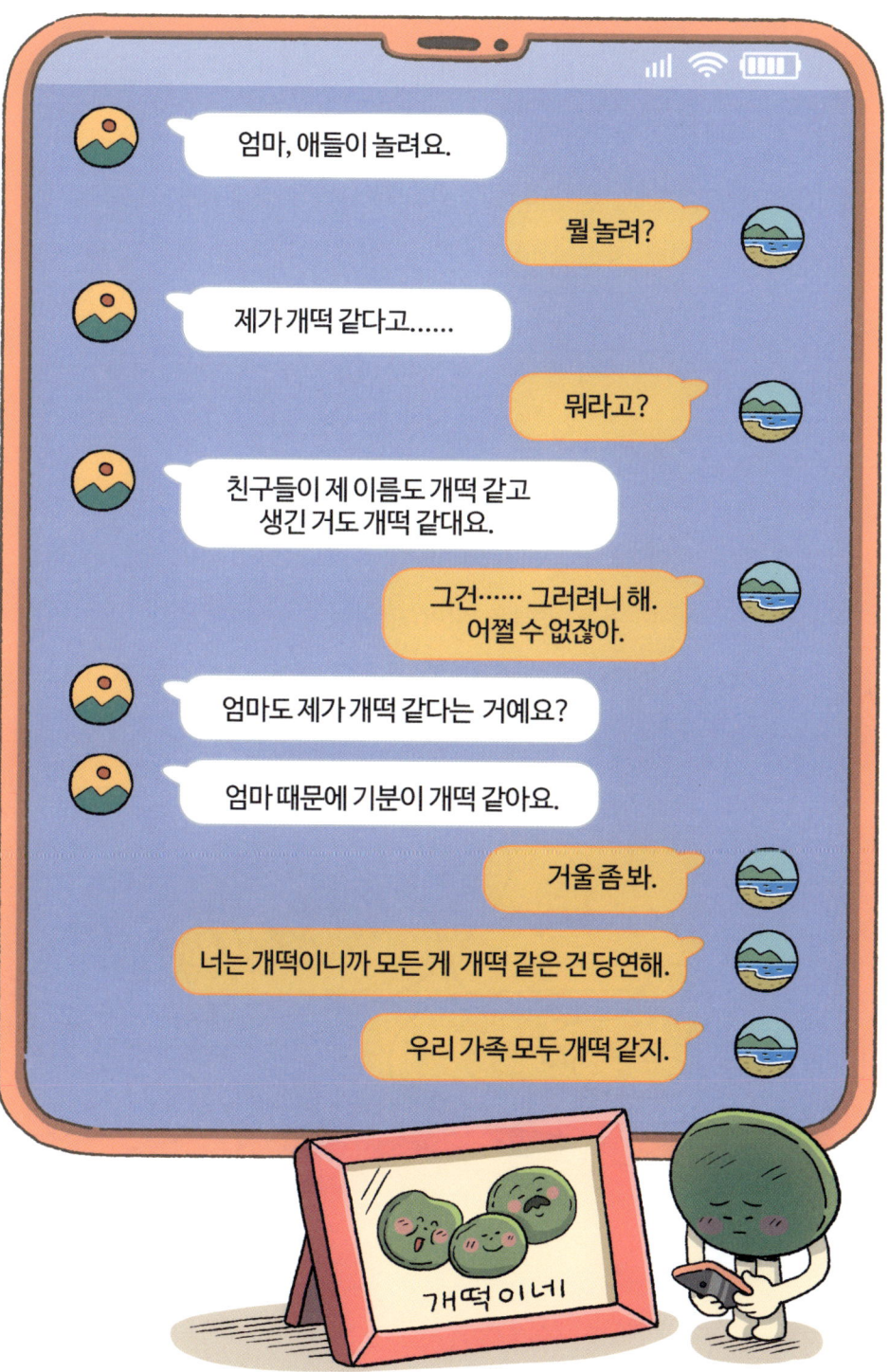

## 고기, 어디까지 먹어 봤니?

　서양 문화권에서 특이하다고 여기는 한국 음식이 몇 가지 있어. 대표적인 게 산낙지랑 닭발이야. 산낙지는 조각난 채 꿈틀대며 입천장에 들러붙는 낙지 다리를 떼어 내 질겅질겅 씹어 먹는 음식이라 기겁하는 사람이 많아. 그런데 사실 산낙지는 고급 식재료야. 적지 않은 값을 내고 한 접시 주문해 먹어도 보통 간에 기별도 안 간다고 하니까, 산낙지만 배부르게 먹으려면 돈이 많이 들어. 한마디로 비싼 음식이지. 다만 껍값이라 해도 가격과 상관없이 끔찍하다며 못 먹는 사람이 있어.

　또 우리는 닭의 발을 맵게 요리해서 먹어. '불닭'이라는 표현도 닭발 양념이 워낙 맵다 보니 입에서 불이 날 정도라는 뜻이야. 당연히 불닭 양념은 아주 아주 매운 양념을 의미해. 그런데 우리만 닭의 발을 먹는 건 아니야. 중국, 동아시아, 남아메리카, 남아프리카 등에서도 닭발을 먹

는데, 다만 우리 불닭 양념처럼 맵지는 않아.

옛말에 소는 버릴 게 없다고 하는데, 거짓말 보태지 않고 사실이야. 소 한 마리면 상다리가 부러지게 한 상 차릴 수 있는데 고기뿐 아니라 뼈, 머리와 발, 무릎 연골에 꼬리까지 어느 것 하나 버리는 게 없어. 소 가죽은 가방이나 옷을 만들 때 쓰이고 가죽에서 뽑아낸 젤라틴은 맛있는 젤리를 만들 때 쓰여. 그래서 고기 종류를 먹지 않는 엄격한 채식주의자들은 젤라틴으로 만든 젤리를 먹지 않아. 대신 한천이라는 식물로 만든 젤리만 먹지. 한천은 우뭇가사리라는 해초로 만들어.

소머리 국밥 들어 보았지? 실제 소의 머릿고기가 들어가. 우족 찜, 우족 사골곰탕 이런 음식도 들어 보았지? 우족은 소의 발이고, 꼬리곰탕은 소꼬리를 오랫동안 끓인 국이야. 우리나라에서는 돼지고기보다 소고기를 더 비싸고 맛있는 고기로 여겨. 그래서 남에게 부탁하거나 잘 보이기 위해 선물을 줄 때 소고기는 아주 좋은 선물이지. "누구를 구워삶아야 하는데, 한우 선물 세트라도 사 줘야 하나." 이런 말을 들어 보았니? 한우는 '한국+소고기'로 수입한 소고기보다 비싸고 더 맛있어서 최고급 선물이야. 누군가에게 한턱 내야 할 때도 소고기 요리를 사 주면 대접을 잘 받았다는 소리를 들을 수 있어.

그런데 우리에게 익숙한 이런 소고기 요리를 보고 서양에서 놀라기도 해. 소의 발이나 머리를 끓인 요리는 중동, 서아시아 등에서도 먹는데 말이야. 동물의 머리를 먹는 건 사실 그렇게 특이한 게 아니야. 세계적으로 염소 머리, 양 머리 등을 먹는 나라가 꽤 있거든. 우리는 소뿐 아니라 돼지 머리와 발(족발)도 먹잖아.

## 색안경을 벗으면 세상은 음식 천국

또 서양에서 기겁하는 음식 중 하나가 생선의 눈알이야. 조기나 굴비를 먹을 때 눈알을 쏙 빼 먹는 사람 종종 보잖아. 생선 눈알을 먹으면 눈이 좋아진다는 말도 있어. 그래서 어르신과 함께 식사할 때는 눈이 어두운 어르신께 눈알을 드시게 해. 재미있게도 눈 건강에 이로운 영양분이 생선 눈알에도 있고 생선 살에도 있어. 또 우리말에 '어두육미(魚頭肉尾)' 즉 생선은 머리 부분이 맛있고 고기는 꼬리 부분이 맛있다는 표현이 있어. 머리 부분이 맛있으니까 머리에 있는 눈알도 맛있게 먹는 거지. 역시 우리만 그런 게 아니야. 일본에서는 참치 눈알만 도려내서 식재료로 판매해. 참치가 큰 물고기이다 보니 눈알도 상당히 거대해. 물에 사는 동물의 눈알 중 가장 큰 건 대왕오징어의 눈알로, 크기가 자그마치 축구공만 해. 대왕오징어 눈알도 무척 크지만 먹지는 않아.

그리고 한국의 특이한 음식으로 빼놓을 수 없는 게 누에나방의 애벌레인 번데기야. 앞서 아기인데 귀엽지 않은 흔치 않은 생명체로 구더기가 나왔는데 애벌레도 만만치 않지. 비호감 외모 때문에 남의 살은 다 맛있다는 사람조차 번데기는 싫다는 경우가 있어. 특히 서양에서는 아주 쌍수를 들어 손사래를 치기도 해. 그런데 마찬가지로 우리만 애벌레를 먹는 게 아니야. 호주, 동남아시아, 남부 아프리카, 멕시코 등지에서도 자기네 나라에서 쉽게 구할 수 있는 특정 애벌레를 먹어. 모습은 끔찍하고 맛은 개떡 같다는 사람도 있지만, 식감이 부드럽다며 좋아하는 사람도 있지.

자기 나라에서 먹지 않는다고 해서 남의 나라 음식이나 식재료를 역겹다거나 끔찍하다고 말하는 건 맞지 않아. 다만 특이하다, 독특하다고 표현할 수는 있겠지. 개인적으로 너무 독특해서 못 먹을 거 같다 싶은 음식은 필리핀의 발롯이야. 발롯은 부화하기 직전의 오리 알을 삶은 건데, 껍질을 까면 흰자가 나오지 않고 자라다 만 오리 새끼의 머리, 날개, 다리 같은 게 보여. 필리핀에서 흔한 길거리 음식이고 가격도 껌값이라 부담 없지만, 모든 필리핀인이 다 발롯을 즐겨 먹는 선 아니야. 발롯은 중국에서도 고단백 간식으로 유명한데, 마찬가지로 모든 중국인이 발롯을 즐기는 건 아니야. 번데기만 보면 군침을 흘리며 꿀맛이라고 좋아하는 한국인이 있는가 하면, 번데기를 먹는 사람만 봐도 밥맛이 떨어진다는 한국인이 있는 것처럼 말이야. 입맛은 사람마다 다 다르니까.

### ★ 맛깔스러운 관용 표현

## 58

<mark>간에 기별도 안 가다</mark>  양이 너무 적어 먹었지만 먹은 거 같지도 않다

'기별'은 소식을 전한다는 뜻으로, 간에 기별이 간다는 건 먹은 음식/영양분이 간에 도착한다는 의미가 되지. 간에 기별도 안 간다는 건, 먹은 양이 적어 먹으나 마나, 먹었는지 간이 모를 정도라는 뜻이야.

- 이 도시락은 양이 얼마나 적은지 다 먹었는데 간에 기별도 안 가.

## 59.

<mark>껌값</mark>  적은 돈을 낮잡아 이르는 말

다른 과자나 음료수 같은 간식에 비해 껌은 값이 저렴한 편이잖아. 그래서 껌값이라고 하면 싸다는 의미야. 속된 표현으로 '똥값'이라는 표현도 있는데, 돈으로서의 가치가 거의 없다는 뜻이야. 비슷한 표현으로 '헐값'은 원래 가치보다 아주 많이 싸게 받는 경우를 의미해. 반대로 비싸다는 표현은 '금값'이라고 해.

- 비싼 과일인데 껍질에 흠집이 생기면 껌값에 팔아. 원래는 금값이었는데 흠집 하나에 완전히 똥값이 된 거지.

## 60.

**상다리가 부러지다(휘어지다)**  음식을 아주 많이 차리다

상에 보통 다리가 네 개인데 상 위에 차려진 음식이 아주 많아서 무겁다 보니 상의 다리가 부러지거나 휘어질 것 같다는 의미로 맛있는 음식을 푸짐하게 많이 차린 경우를 의미해.

- 애들이라 잘 먹으려니 하고 생일상을 상다리가 휘어지도록 차렸는데, 음식이 많이 남았어.

✏️ _____


## 61.

**(누구를) 구워삶다**  여러 방법과 수단을 써서 자기편으로 만들다, 남을 자신이 원하는 대로 행동하게 만들다

고기나 채소를 굽거나 삶으면 단단하거나 질긴 게 부드러워지잖아. 사람을 구워삶는다는 건, 내 부탁을 잘 들어주고 내 편이 되는 사람이 되도록 만든다는 뜻이야. 그러려면 맛있는 것도 사 주고 잘해 줘야겠지.

- 동생을 잘 구워삶아서 번거로운 심부름을 시키려면 맛있는 걸 사 주면 돼.

✏️ _____

_____

7. 소름이 오싹, 군침이 줄줄

## 62.

**한턱내다** 남에게 푸짐하게 음식을 대접하다, 맛있는 것을 사 주다

여기서 '턱'은 좋은 일이 있을 때 남에게 대접하는 음식을 의미해.

- 삼촌이 월급을 탔다고 한턱내겠다며 식구들을 고급 레스토랑에 데려갔어.

## 63.

**남의 살** 고기, 육류

내 살이 아니라 다른 누군가, 즉 동물의 살을 이렇게 표현해.

- 된장찌개에 두부만 넣은 것보다는 돼지고기나 소고기처럼 남의 살이 들어가야 맛있지.

## 64.

**쌍수를 들다**   자진해서 지지하거나 환영하다

'쌍수'라고 하면 '쌍꺼풀 수술'의 줄임말로 많이 알고 있는데, 여기서는 쌍=2, 수=손(手)이니까 양손이라는 뜻이야. 양손을 다 들었다는 건 '적극적으로, 자진해서' 이런 뜻이지.

- 오랜만에 집에 가면 식구들이 쌍수를 들고 환영하리라 예상했는데, 막상 가 보니 그렇지 않았어.

## 65.

**손사래를 치다**   거절, 부인의 의미로 편 손을 허공에 휘젓다

'손사래'는 편 손을 이리저리 흔드는 걸 의미하는데, 거절하거나 싫다, 아니다 등의 의미로 손을 흔드는 걸 손사래 친다고 해.

- 내 짝이 이번 주 청소 당번 바꾸자고 말하자마자 나는 손사래를 치며 얼른 교실을 뛰어나왔어.

7. 소름이 오싹, 군침이 줄줄

## 66.
**개떡 같다** 못생기거나 마음에 들지 않다

개떡은 쑥으로 만들고, 아주 쫄깃하고 맛있지만 대신 모양이나 색깔이 예쁘거나 먹음직스럽지 않아. 그래서 개떡 같다는 표현은 마음에 들지 않고 별로일 때 사용해.

- 설거지했다더니 그릇에 음식 찌꺼기가 그대로야. 정말 설거지를 개떡 같이 했네.

## 67.
**군침을 흘리다
군침이 돌다** 음식을 먹고 싶어 입맛을 다시다, 욕심을 내다

'군침'은 입안에 도는 침이야. 맛있는 걸 보면 군침이 돌지. 여기서는 이런 의미로 쓰였는데, 무언가를 갖고 싶은 마음이 들 때도 군침을 흘린다고 해.

- 별로 배고프지 않았는데, 피자 냄새를 맡자 군침이 돌았고 뱃속에서 꼬르륵 소리도 났어.
- 새로 나온 게임기를 보고 많은 아이가 군침을 흘렸지만 가격이 아주 비쌌어.

## 68.

**밥맛 떨어지다**  언짢은 마음이 들다, 불쾌하고 역겹다

여기서 '밥맛'은 실제 쌀을 익힌 그 밥의 맛만 의미하지 않고, '음식의 맛, 식욕'을 의미해. 상에 라면이 있어도 먹기 싫어지면 '밥맛 떨어졌다'고 하지 '라면 맛 떨어졌다'고 하지 않아.

- 그 녀석은 말하는 거, 행동하는 거, 입고 다니는 거 죄다 밥맛 떨어져.

7. 소름이 오싹, 군침이 줄줄

# 8. 정말일까?

## 매운 손 만들기

## 존중받지 못한 사람들

튼튼하고 기능도 많은 세탁기를 점찍어 두고 돈을 모아서 눈독 들이던 세탁기를 샀다고 치자. 비싸게 산 만큼 본전을 뽑을 셈으로 엄청 많은 빨래를 아침저녁으로 돌리는데, 세탁기한테 월급을 주거나, "세탁기야, 힘든 일 시켜서 미안해."라고 하지 않잖아. 그러다 세탁기가 고장 나면 몇 번 발로 차 보고 그래도 안 돌아가면 서비스센터에 전화해. 고칠 수 있으면 고치고, 못 고치면 버리지.

노예가 딱 그랬어. 돈을 주고 노예를 사면, 월급 없이 주인이 마음대로 일을 시키고 부려 먹고 마음에 안 들거나 일을 잘 못 하면 발로 차고 주먹으로 때려. 그러다 다치거나 병이 들어 일을 못 하면 버려. 세탁기처럼 말이야. 노예와 하인이 비슷한 거 같지만, 하인은 최소한 월급을 받아. 당연히 하기 싫거나 못 하겠으면 하인 일을 그만둘 수 있고 물건 취급은 받지 않는데, 노예는 물건이라서 남에게 팔기도 하고, 늙거나 병 들면 죽든지 말든지 쫓아내 버려. 부자가 비싼 물건 자랑하듯이, 노예가 많은 사람은 부자라고 목에 힘을 주고 다녔어.

1600년대 미국에 흑인 노예가 들어온 이후, 노예를 물건 취급하는 건 당연했고 시간이 흐르면서 노예가 합법화되어 법적으로도 아무 문제가 없었어. 놀랍지 않게도 아프리카에서 납치되어 온 사람 중에 노예가 되고 싶은 사람은 없었어. 당연히 집으로 돌아가고 싶었고, 도망치기 일쑤였어. 물론 간이 콩알만 한 노예는 도망은 엄두도 못 내. 그러다 잡히면 죽도록 얻어맞거나 실제 죽기도 했으니까. 또 노예가 도망치면 개싸

움 경기에 나갈 법한 사나운 사냥개를 푸는 일이 흔했는데, 이런 맹견에게 '사냥당한' 노예 대부분은 크게 다치거나 목숨을 잃었어. 이 정도면 살인 아닌가 싶지만 노예 목숨은 파리 목숨이라 죽든지 말든지 아무도 신경 쓰지 않았어. 노예는 물건이라 여겨서 노예를 죽이는 건 살인이 아니었고, 법적인 처벌도 받지 않았어. 너무 어처구니가 없어서 입이 딱 벌어질 일이지.

## 노예에 적합한 사람?

그런데 원래 노예는 흑인, 백인 구분이 없었다는 거 알아? 노예라기보

8. 정말일까?

다 일종의 하인으로 월급을 얼마 받기로 약속하고 일하는 사람이었어. 그래서 가난한 백인 중에 돈을 받고 일정 기간 주인이 시키는 대로 일하는 계약직 노예가 있었어. 약속한 기한이 끝나면 더 이상 하인이나 노예가 아니었고, 당연히 본인이 원하는 대로 결혼도 하고 이사도 할 수 있었지. 유럽에서는 해적들이 해안가 작은 마을을 습격해 마을 사람들을 납치해서 노예로 삼기도 했는데, 이들 역시 백인이었어. 그러니까 아프리카에서 강제로 붙들려 온 흑인만 노예였던 건 아닌 거지.

이렇게 여러 인종이 노예살이를 했는데, 흑인이 노예에 적합하다고 강력하게 주장한 사람이 있었어. 노예에 적합한 인종이 있다니, 기가 콱 막히고 말문도 꽉 막힐 일이지. 더 기가 막힌 건 도망치는 노예에 대한 이 사람의 주장이야.

이 사람의 이름은 사무엘 카트라이트인데, 그는 도망치려는 노예를 정신병 환자라고 주장했어. 노예는 노예로 사는 게 마땅한데 이를 거부하고 도망치려는 건 정신병이라는 거지. 그는 이를 '배회증'이라 불렀는데, 목적지도 없이 떠돌아다니며 배회하는 정신이 이상한 병이라는 뜻이야. 붙잡혀 오기 전에 살던 집이 엎어지면 코 닿을 데 있다면 도망쳐서 자기 집에 가면 되겠지. 하지만 다들 배 타고 몇 달을 와야 할 정도로 먼 나라에서 끌려왔으니, 목숨 걸고 사냥개까지 피해 도망치는 데 겨우 성공했다 해도 노예는 딱히 갈 데가 없었어. 미국이라는 나라는 노예가 합법인 데다, 피부색 때문에 어디를 가도 도망친 노예라는 걸 숨길 수 없었어. 또 주인은 돈을 주고 산 노예가 도망쳤으니 눈에 불을 켜고 찾아 나섰겠지.

사정이 이렇다 보니 도망친 노예는 정처 없이 배회할 수밖에 없었어. 사무엘 카트라이트는 배회증 환자가 된 노예를 치료하는 방법도 제시했는데, 그게 참 기막혀. 손이 매운 주인은 손으로 때리면 되고, 그렇지 않은 주인은 채찍질하면 되고, 좀 더 강력한 처방으로 발가락을 자르라고 했거든. 그럼 배회증이 치료된다는 거야. 몸을 못 움직이게 했으니 당연히 배회증이 없어질 수밖에.

믿기 힘들지만 이보다 더욱더 기가 막힌 건, 이런 무식하고 개떡 같은 처방을 내린 사무엘 카트라이트는 의사였어. 그는 의학적으로 노예는 노예 상태여야 행복할 수 있으며, 노예는 백인보다 뇌가 작고 신경계도 성숙하지 못했다고 주장했어. 또 검은 피부는 백인보다 두껍고 감각이 둔해서 게으를 수밖에 없기 때문에 가죽끈으로 채찍질하고 뜨거운 태양 아래에서 고된 노동을 시켜야 한다고도 주장했어. 흑인으로선 참 이가 갈릴 일인데, 꼭 흑인이 아니어도 누구나 자기 귀를 의심할 만한 말도

8. 정말일까?

안 되는 주장이지. 사실 의사가 이런 주장을 했다면, 자기 귀를 의심하는 건 물론이요, 소위 의사라는 이분의 정신 상태도 의심할 수밖에 없잖아? 얄궂게도(묘하고 이상하며 짖궂게도) 사무엘 카트라이트는 의사 중에서 정신과 의사였다는 사실. 아무래도 다른 환자를 치료하기 전에 본인의 정신 상태부터 점검하고, 이 정도면 광기에 가까우니 본인의 정신부터 치료해야 하지 않았을까.

## ★ 맛깔스러운 관용 표현

## 69.

**점찍다**  특정 대상을 마음속에 작정하여 두다, 마음속으로 정하다

마음에 드는 것에 점을 콕 찍어 두는 거야. 점을 찍어 둬야 나중에 내가 원하던 게 뭔지 쉽게 알 수 있지.

- 내가 점찍어 둔 옷이 다 팔려서 지금은 돈이 있어도 살 수가 없어.

## 70.

**목에 힘을 주다**  거만하게 행동하거나, 남을 깔보거나, 잘난 척하다

목에 힘을 주면 목이 굽지 않고 뻣뻣하게 곧바로 서잖아. 다른 사람을 깔보거나 거만하게 행동하면 내려다보기 위해서라도 목에 힘을 주게 되지.

- 일등상을 탄다는 소식을 듣자, 녀석은 대번 목에 힘을 주고 다니며 일등이라고 잘난 척을 했어.

8. 정말일까? 103

# 71.

**간이 콩알만 해지다**  몹시 두려워하다

우리 몸속 장기 중 가장 큰 게 간인데, 간이 콩알만큼 작아졌다는 건, 두려움에 소심해졌다는 의미가 돼. '간이 부었다'는 표현의 반대 뜻이지.

- 건널 수 있다고 생각했는데, 막상 바닥이 유리인 다리 위에 서니 간이 콩알만 해져서 엄두가 나지 않았어.

✏ _____

_____

# 72.

**파리 목숨**  남에게 쉽게 죽임당하는 보잘것없는 목숨

파리는 누구나 잡고 싶어 하고, 파리를 때려잡았다고 아쉬워하거나 나무라는 사람 없지?

- 당시는 사람 목숨이 파리 목숨이라 그는 진실을 알고 있었지만 살아남기 위해 아무 말도 하지 않았어.

✏ _____

_____

## 73.

**엎어지면 코 닿을 데**   거리가 아주 가까운 곳(=엎디면 코 닿을 데)

앞으로 엎어졌는데 코가 닿은 곳은 현재 내가 있는 곳과 엄청 가깝겠지. 실제 코가 닿을 거리라기보다 아주 가깝다는 의미로 쓰여.

- 이사 온 후 학교가 엎어지면 코 닿을 데 있어서 아침에 30분은 더 잘 수 있게 되었어.

## 74.

**눈에 불을 켜다**   욕심을 내거나 관심을 기울이다, 분노로 눈을 부릅뜨다

활활 타오르는 불은 분노를 의미하기도 하고, 불을 켜면 어두울 때보다 더 잘 보인다는 의미도 돼. 눈에 불을 켠다는 건, 분노나 욕심으로 더 열심히, 더 적극적으로 관심을 두고 찾는다는 의미야. '눈에 쌍심지를 켜다'와 비슷한 의미지.

- 우리 반이 꼴찌 할 거라는 말을 듣고 다들 눈에 불을 켜고 이어달리기를 했더니, 우리가 1등을 했어.

8. 정말일까?

## 75.

**손이 맵다**    슬쩍 때려도 몹시 아프다

손으로 때린 게 얼마나 아프면 '맵다'는 표현이 붙었을까? 매운 고추를 먹으면 눈물이 날 정도잖아. 손이 맵다는 건 맞았을 때 너무 아파서 마치 매운 고추를 먹고 눈물 날 정도로 고통스럽다는 의미가 되지.

- 쟤는 손이 너무 매워서 탈이야. 인사한다고 등을 살짝 쳤는데 내 등에 멍이 든 줄 알았어.

## 76.

**이가 갈리다**    분을 참지 못하여 독한 마음을 품다

화가 나거나 긴장하거나 하면 자신도 모르게 이를 악물게 되는데, 실제 이를 뿌드득 갈기도 해. 입과 얼굴 근육에 힘이 들어가기 때문인데, 그만큼 분노하고 독한 마음이 든다는 뜻이야.

- 지난번 게임에서 진 거 생각하면 이가 갈려. 이번에는 무슨 일이 있어도 꼭 이기고 말겠어.

## 77.

**귀를 의심하다**    너무 놀라 믿기 어려운 이야기를 듣고 잘못 들은 게 아닌가 생각하다

내가 귀가 이상해서 잘못 들었나, 이런 생각이 들 정도로 듣고도 믿기 힘든 말을 들었을 때 쓰는 표현이야. '귀' 말고 '눈'을 넣어 '눈을 의심하다'로 쓸 수도 있어. 내가 잘못 보았나, 이런 생각이 들 정도로 믿기 힘든 것을 보았을 때 쓰는 표현이지.

– 이번 시험 범위가 교과서 한 권 전체라니, 나는 선생님 말씀을 듣고 내 귀를 의심했어.

# 9. 특별한 사용법

## 책은 읽기만 하는 게 아니야!

## 껌을 씹으면 일어나는 일

'껌 좀 씹어 봤다.'라는 말이 있어. 예나 지금이나 불량한 사람은 껌을 짝짝 씹고 퉤 버리는 방식도 몹시 불량해서 껌 씹는 자세만 봐도 '얘가 불량하구나' 알 수 있지. 그래서 '껌 좀 씹어 봤다.'라고 하면 전에 불량하게 생활했다는 의미가 돼.

양파를 썰면 슬프지 않아도 눈이 매워서 눈물이 나. 양파의 특정 물질이 눈을 자극하니까 이를 씻어 내느라 눈에서 눈물이 나는 거야. 엉엉 울지 않고도 양파를 써는 가장 간단한 방법은 껌을 씹는 거야. 껌을 씹

으면 코가 아닌 입으로 숨을 쉬거든. 그럼 눈을 자극하는 성분이 코나 눈보다는 입으로 들어가서 눈이 덜 맵지.

다들 껌을 씹다 실수로 삼킨 적이 있을 거야. 껌 삼켰다고 하면 "껌은 소화가 되지 않아서 창자에 들러붙는데, 너 이제 큰일 났다, 당장 병원 가서 배 째고 수술받아라." 이러며 요란 떠는 사람 있잖아. 껌이 소화되지 않는 건 사실이지만 보통 소화되지 않은 상태로 몸 밖으로 배출되니까 너무 걱정하지 않아도 돼.

껌을 씹으면 공부가 잘된다며 도서관에서 껌을 짝짝 씹어 주위에서 공부하는 다른 친구들을 방해하는 사람 있지? 어디서 말도 안 되는 걸 듣고 와서는 귀가 얇아서 잘도 따라 한다, 이렇게 핀잔을 주기도 하는데, 이거 어느 정도 사실이야. 모두에게 적용되는 건 아니겠지만, 껌을 씹으면 근육의 긴장감이 줄어서 현재 하는 일이나 활동에 집중하는 데 도움이 된대. 실제 껌이 불안감을 줄여 주기 때문에 세계 1차 대전 때 군인들에게 껌을 제공했어.

비행기를 타고 높이 올라가면 귀가 먹먹해져. 기압의 변화 때문인데, 잠시 후 없어지기도 하지만 동증이 심한 예도 있어서 비행기만 타면 귀가 먹먹해지고 불편해서 비행기 타기가 무섭다는 사람도 있어. 엘리베이터를 타고 높이 올라가거나 높은 산에 오를 때도 마찬가지인데, 이럴 때 신기하게도 침을 삼키면 좋아져. 이렇게 귀 때문에 비행기 타기가 무서운 사람은 껌을 준비하면 좋아. 껌을 씹으면 침샘이 자극되어 침이 많이 나오니까 자연스럽게 침을 삼키는 과정에서 귀 안의 압력과 주위의 압력이 균형을 맞추도록 도와주거든.

　비슷한 이유로 우주비행사도 우주에서 임무를 수행할 때 껌을 씹어. 우주는 지구를 벗어난 공간이라 중력이 없잖아. 지구가 사람이든 물건이든 지구 중심부 방향으로 끌어당기는 힘이 중력인데, 이 중력은 입속 침샘에도 영향을 미쳐. 중력이 없는 우주 공간에서는 침샘 분비가 지구에서처럼 원활하지 않아. 다시 말해서 침이 잘 안 나온다는 거지. 침이 잘 나오지 않으면 입속 위생과 건강에 좋지 않은데 껌을 씹으면 침샘이 자극되어 침이 잘 나오는 데 도움이 돼. 그래서 우주 비행사들은 우주 비행을 할 때 껌을 챙긴대.

## 껌과 관련된 상식? 껌이지!

머리카락에 껌이 붙었을 때 가위로 싹둑 잘라 버리면 간단하게 해결되지만, 웃기지도 않은 헤어스타일로 놀림을 받을 가능성이 크지. 그럴 때는 땅콩버터(피넛버터)를 발라 봐. 껌이 붙은 머리카락만 잘 골라내서 땅콩버터를 골고루 바르고 문지르면 땅콩버터의 기름 성분이 머리카락과 껌을 분리해 주니까.

미국인이 가장 사랑하는 과자 종류를 물으면, 아마 열에 아홉은 껌이라고 할 거야. 미국에서 팔리는 껌 종류가 자그마치 1,000가지가 넘고, 북미(미국과 캐나다) 아이들이 매년 풍선껌 사는 데 쓰는 돈이 50만 달러(약 6억 4천만 원)나 되거든.

껌을 사랑하는 미국인들은 껌을 못 씹게 하면 눈에 쌍심지를 켤 텐데, 껌 씹는 게 금지된 나라도 있어. 싱가포르에서는 껌 씹는 게 불법이야. 싱가포르인들이 수십 년간 껌과 담을 쌓고 사는 건 1992년부터 싱가포르에서 껌을 수입하거나 판매하거나 제조하는 게 범죄라서 그래. 당연한 말이지만 풍선껌을 불다 경찰에 걸리면 체포돼. 다만 의학적 치료를 위한 니코틴 껌(금연 껌)과 덴탈 껌(구강 위생용 껌)은 예외야.

## ★ 맛깔스러운 관용 표현

# 78.
**눈이 맵다** 눈이 자극을 받아 따갑고 눈물이 나다

눈이 매운 느낌을 느낀다는 건, 좋은 의미는 아니겠지? '손이 맵다'는 표현도 살짝 쳐도 아주 아프다는 뜻이고, '매운맛을 보여 준다'는 건 괴롭혀 준다는 뜻이잖아. 이렇게 맵다는 건 통증의 의미를 담고 있어. 실제로 매운맛은 미각이 아니라 통증이기도 해. 눈이 매운 건 눈에 통증이 느껴지고 눈물이 난다는 의미야.

- 어디에서 불이 났는지 매캐한 연기가 들어와 눈이 매웠고 눈물이 났어.

✏️ _____

_____

## 79.

**귀가 얇다**  남의 말을 쉽게 받아들이다

남이 하는 말을 따지지 않고 잘 받아들이는 사람을 귀가 얇은 사람이라고 하는데, 귓불이 너무 얇아 종잇장처럼 팔랑거린다는 의미로 '팔랑귀'라는 표현도 있어.

- 누가 팔랑귀 아니랄까 봐 레몬 좋다는 말에 한 박스나 주문한 거야. 쟤는 귀가 얇아서 큰일이야.

## 80.

**열에 아홉**  거의 모두

열 개 중 아홉 개라면 거의 모두라고 할 수 있잖아. 딱 그런 의미야.

- 친구 중 열에 아홉은 휴대폰으로 게임을 해.

9. 특별한 사용법

## 81.

**눈에 쌍심지를 켜다**   몹시 화를 내어 눈에 열화를 띠다, 분노로 두 눈을 부릅뜨다

앞에 '눈에 불을 켜다'는 표현과 헷갈릴 수 있는데, 눈에 불을 켜는 건 '욕심이 나서 관심을 보인다'는 의미와 '눈을 부릅뜬다'는 두 가지 뜻이 있는데, 두 번째 의미가 '눈에 쌍심지를 켜다'와 비슷해.

양초나 등잔에 불을 붙이는 부분을 심지라고 하는데, 초의 양쪽에다 불을 붙이면 한쪽만 불을 붙인 것보다 불이 더 밝겠지? 쌍심지는 초 양쪽 심지(쌍 2+심지)라는 뜻이 되지. 눈에 쌍심지를 켠다는 건 양쪽 눈에 분노의 불이 활활 타오른다는 의미로, 만화에서 화가 난 사람은 눈에 불이 화르륵 타오르게 그리기도 하잖아. 아주 분노했다, 눈에 노기가 서려 있다, 그런 뜻이야.

- 녀석이 게임에서 아슬아슬하게 지니까 아주 눈에 쌍심지를 켜고 나를 노려보는 거야.

## 82.

**담을 쌓다** 사람과 사람이 연락을 끊다, 사람이 무언가에 관심을 두지 않고 전혀 관계하지 않다

말 그대로 담을 쌓으면 담을 사이에 두고 이쪽과 저쪽은 서로 연락이 끊어지잖아. 사람과 사람 사이, 혹은 사람과 어떤 일이나 물건 사이에도 쓸 수 있는 표현이야.

- 게임 중독으로 치료를 받은 이후 나는 어떤 종류든 게임과는 담을 쌓고 살고 있어.

# 10. 진실은 알 수 없어

# 배고픔을 까먹으려면

## 얼굴도 이 정도 두꺼우면 달인!

한 이란인 남자의 생활이 너무 독특해서 다큐멘터리로 제작되었어. 인터뷰 내용 중 어느 것 하나 놀랍지 않은 게 없었는데, 특히 "여자 친구가 있으면 좋겠다."라고 한 남자의 말에 다들 기겁하며 '얼굴 정말 두껍다.'라고 했어. 이 남자는 결혼을 하지 않은 독신이었는데, 총각이 그렇게 말할 수도 있잖아? 하지만 남자의 말에 다들 혀를 내두른 데는 그럴 만한 이유가 있어. 남자는 최소 50년 동안 씻지 않았거든. 5일만 안 씻어도 더럽다고 난리가 날 텐데 5일, 5개월, 5년이 아니라, 50년이라니! 어처구니없게도 씻은 게 너무 오래전이라 본인도 정확한 햇수는 기억하지 못하고, 60년 이상일 수도 있대.

이 남자가 씻고 싶은 마음은 굴뚝같은데 어쩔 수 없이 못 씻은 게 아니야. 물과 비누로 닦으면 병에 걸린다는 믿음으로 그는 목욕은 말할 것도 없고 양치, 세수, 머리 감기까지 모두 거부한 거거든. 때와 먼지가 두툼하게 붙어 있어서 피부는 보이지도 않았고 머리카락과 수염은 수세미보다 더 엉켜 있었어. 냄새가 지독한 거야 두말하면 잔소리지. 그러니 여자 친구를 원한다는 그의 말에 모두 입이 딱 벌어졌고 설마 하며 자기 귀를 의심했던 거야. 까마귀 고기를 먹지 않고서야 자신이 수십 년간 씻지 않았다는 걸 잊을 리가 없잖아. '옆에 다가가기도 힘든데 여자 친구라니, 아주 얼굴에 철판을 깔았네.' 다들 이렇게 생각한 거지. 남자는 진지하게 말한 것 같은데, 농담으로 여기고 배꼽 빠지게 웃은 사람도 있고, 제정신으로 한 말인가 이러며 도끼눈을 부라린 사람도 있

었어. 아무튼 남자는 사전적인 의미로 보나, 비유적인 의미로 보나 철면피 그 자체였던 거야.

사실 그의 연애 생활에 발목을 잡은 건 개인위생 하나뿐이 아니었어. 남자는 직업도 없고 가정도 없고 마을의 외진 곳에 움막을 짓고 맨발에 누더기를 걸치고 살았어. 한마디로 거지 같았던 거야. 그래도 입에 풀칠은 하고 살았어. 이웃이 갖다주는 음식을 먹거나, 자동차에 치여 죽은 동물을 가져와 익혀 먹거나 날로 먹으며 살았대.

## 세수해서 죽었을까?

아무 하지라는 이름의 이 남자의 다큐멘터리가 소개된 게 2013년의

일이야. 약 10년 후 하지의 사망 소식이 언론에 보도되었어. 기사에 의하면 주위의 간곡한 권유로 세수를 시작한 지 몇 달 만에 세상을 떠났다는 거야. 세수한 뒤 몸이 아프다고 호소했다는데, 사람들은 몸을 씻은 게 사망 원인인지 궁금해했어. 온몸을 뒤덮은 때와 먼지가 일종의 보호막 역할을 했는데 그게 벗겨지면서 사망에 이르게 된 것일까?

여기서 꼭 짚고 넘어가야 할 점이 있는데, 그가 사망할 때의 나이가 94세였다는 사실이야. 94세면 평균 남성의 수명보다 더 오래 산 거야. 그러니까 아마도 그는 세수를 해서 사망했다기보다는 나이가 많아서 자연사한 것 같아. 씻으면 병에 걸린다고 믿었으니까 세수를 한 뒤 몸이 아프다고 느꼈을 수는 있겠지. 아무튼 그는 생전에 받은 건강 검진에서, 박테리아에 감염된 적이 없고 몸에 기생충도 없었어. 차에 치여 죽은 동물을 날로 먹기도 했는데 기생충 하나 없었다니, 참 놀라워. 게다가 그는 건강에 해롭다는 담배를 엄청나게 자주 피웠다는데, 담배도 안 피우고 음식도 주의하며 골라 먹은 일반적인 사람들의 평균 수명보다 더 오래 산 셈이야. '오래 살려면 하지처럼 안 씻고 아무거나 막 먹으며 거지처럼 살아야겠군.' 이렇게 생각하지 않으면 좋겠어. 대부분의 경우 하지처럼 살면 제 수명을 다 살지 못해. 하지는 정말이지 특별히 더럽고 굉장히 특이한 경우야. 오죽 특이하면 텔레비전 다큐멘터리로 제작되었겠어?

## ★ 맛깔스러운 관용 표현

## 83.

**얼굴 두껍다**  부끄러움을 모르고 염치가 없다

본문에 나온 하지는 안 씻어서 얼굴뿐 아니라 온몸의 피부가 두꺼워진 경우인데, 원래 '얼굴이 두껍다'라고 하면 부끄러움을 모른다는 의미야. 부끄러우면 얼굴이 붉어지고 열이 나는데, 뻔뻔하고 염치가 없는 사람은 창피하거나 민망한 일에도 전혀 얼굴이 붉어지지 않거든. 그런 경우 얼굴이 두껍다고 해.

- 새치기했다고 뒤에서 엄청 뭐라고 하는데도 눈 하나 깜짝하지 않다니, 저 사람 얼굴 되게 두껍네.

## 84.

**마음이 굴뚝같다**  무언가를 간절히 하고 싶거나 원하다

'굴뚝같다'는 집 안 난로에서 불을 피우면 연기를 밖으로 내보내는 그 '굴뚝'의 의미와 상관없이 '굴뚝같다' 자체가 하나의 단어로 '간절히 원하다.'라는 의미야. 왜 굴뚝인지 확실하지 않은데 아무튼 재미난 표현이지.

- 피자랑 라면을 먹고 싶은 마음이 굴뚝같지만, 다이어트 중이라 먹으면 안 돼.

## 85.

**까마귀 고기를 먹다**  잘 잊어버리다

원래 속담인데, 무언가 까먹으면 '까맣게 잊었다.'라고 말하잖아. 까마귀 색깔이 까만색이라서 잘 잊어버리는 사람을 보고 "까마귀 고기를 먹었냐."라고 해.

- 쟤가 요즘 까마귀 고기를 먹었나, 친구랑 만나기로 한 약속을 또 까먹은 거야?

## 86.

**얼굴에 철판을 깔다**  염치와 체면이 없이 대단히 뻔뻔하다

철면피(鐵 쇠 철, 面 낯 면, 皮 가죽 피)랑 같은 뜻이야. 얼굴 가죽(피부)이 철처럼 두껍다는 의미니까 '얼굴이 두껍다'와도 의미가 통하는 표현이지.

- 창피한 줄도 모르고 거리에서 볼일을 보고 아무렇지도 않게 가던 길을 가다니, 얼굴에 철판을 깔았네.

## 87.

**배꼽 빠지다**  몹시 우습다

갑자기 너무 웃으면 실제로 배가 살짝 아플 수 있는데, 웃을 때 배에 힘이 들어가면서 평소 쓰지 않던 근육을 사용해 일종의 근육통이 생긴 거야. 배꼽이 배에 있으니까 그런 의미에서 심하게 웃을 때 배꼽 빠진다는 표현을 써.

- 새로 나온 웹툰을 친구들과 함께 보다가 얼마나 우스운지 배꼽 빠질 뻔했어.

✏️ _____

## 88.

**도끼눈을 부라리다**  분하거나 미워서 노려보다

도끼눈은 '화가 나거나 미워서 쏘아보는 눈'이라는 의미야. '눈을 부라리다'는 화가 나서 눈을 부릅뜨고 쳐다본다는 의미지. 그냥 눈을 부라린다고 하면 사납게 노려보는 거지만, 도끼눈을 뜨고 눈을 부라리면 훨씬 더 분노해서 훨씬 더 사납게 노려본다는 의미가 돼.

- 쟤가 왜 도끼눈을 뜨고 나에게 눈을 부라리는지 알 수가 없네. 난 잘못한 게 없거든.

✏️ _____

## 89.

**입에 풀칠하다**  겨우 먹고 살다

쌀을 아주 조금 넣고 물을 아주 많이 넣고 오래 끓이면 풀이 돼. 끈끈해서 종이끼리 붙이는 그 풀 말이야. 종이를 붙일 때도 쓰지만, 가난해서 쌀밥을 해 먹을 수 없으면 풀처럼 묽은 죽을 쑤어 먹어. 그럼 배부르게 잘 먹지는 못해도 굶어 죽지는 않을 수 있지. 입에 풀칠한다는 건 쌀밥이 아니라 풀을 먹는다는 의미로, 굶지는 않지만 잘 먹지도 못한다는 뜻이야.

- 그런 작은 구멍가게로는 겨우 입에 풀칠만 할 뿐, 큰돈을 벌지 못해.

부록

# 이럴 땐 이렇게 표현해요

1. 공부를 못하는 이유

2. 뻥에 대처하는 방법

3. 부상당할 가능성

4. 진짜 뻔뻔하네

5. 공포의 민낯

6. 쉼표를 안 찍었다가

7. 몰라서 물었을 뿐인데

8. 같은 말 다른 의미

9. 봐주면 안 돼?

10. 찬바람이 부는 이유

# 1. 공부를 못하는 이유

속담 중에 '핑계 없는 무덤 없다.'라는 말이 있습니다. 아무리 큰 잘못을 저지른 사람도 자기가 왜 잘못을 저지를 수밖에 없었는지 변명하고 이유를 붙일 수 있다는 뜻이지요. 잘못을 인정하지 않거나 빤질빤질 핑계를 대며 궁지에 몰린 상황을 빠져나가려는 친구가 있다면 이렇게 말해 주세요.

★ 맛깔스러운 관용 표현

## 90.
**얼굴이 반쪽이 되다**
병이나 고통, 근심으로 얼굴이 수척해지다.

## 91.
**발등에 불이 떨어지다**
일이 몹시 절박하게 닥치다.

## 92.
**입이 근질근질하다**
자신이 아는 무언가를 말하고 싶어서 참을 수 없다.

## 93.
**감을 잡다**
상황을 파악하다, 확신을 갖다.

## 94.
**무릎을 치다**
놀라운 사실을 알게 되거나 잊었던 기억이 살아나 매우 기쁘다.

## 95.
**뜸 들이다**
무언가 하다가 서둘지 않고 한동안 가만히 있다.

## 2. 뻥에 대처하는 방법

'뻥치다'는 사실을 부풀려서 말한다는 뜻입니다. 일상생활에서 "배고파 죽을 뻔했어."라고 뻥쳐서 말하면 웃음이 나기도 하니 항상 나쁜 일은 아니지만, 계속 뻥을 치면 듣는 상대의 기분이 나빠질 수도 있어요. 뻥을 어느 정도 치면 즐거운 표현이 될까 생각해 봅시다.

★ 맛깔스러운 관용 표현

### 96.
**잠귀가 밝다**
자다가도 작은 소리도 잘 듣고 잠에서 깨다

### 97.
**마당발**
아는 사람이나 친구가 많은 사람, 인간관계가 넓은 사람

### 98.
**머리에 피도 안 마르다**
나이가 어리다

### 99.
**(네) 똥 굵다**
누군가 잘난 체하는 게 못마땅할 때 이를 적당히 무시하고 넘어갈 때 하는 말

### 100.
**허파에 바람 들다**
실없이 행동하거나 지나치게 웃다

## 3. 부상당할 가능성

어렵거나 힘든 일을 하지 않고 살살 피하는 행동을 가리켜 '꾀부리다', '꾀쓰다'라고 해요. 신나고 재미있는 일이 있으면 그 기분을 계속해서 즐기고 싶은 마음이 생기는 건 당연해요. 하지만 친구와 함께 해야 할 일이 있을 때 꾀를 부리면 눈총을 받거나 등짝 스매싱을 한 대 맞겠지요?

★ 맛깔스러운 관용 표현

## 101.
**입이 귀에 걸리다**
입 끝이 귀에 닿을 정도로 함박웃음을 짓다, 매우 만족하여 웃다.

## 102.
**코를 납작하게 만들다**
기를 죽이다, (남의) 기세를 꺾다.

## 103.
**배가 아프다**
남이 잘되어 심술이 나다.

## 104.
**고소하다**
미운 사람이 잘못되어 즐겁다, 속이 시원하다.

## 105.
**입을 씻다**
이익을 혼자 차지하거나 약속을 지키지 않고는 아닌 척하다.

## 106.
**칼을 갈다**
무언가 이루어 내기 위해 독한 마음을 먹다, 열심히 준비하다.

## 107.
**어깨가 무겁다**
책임감이 크다, 책임을 져서 부담을 느끼다.

## 4. 진짜 뻔뻔하네

자기가 하고 싶은 대로만 말하고 행동하는 사람을 가리켜 이기적이라고 해요. 이기적인 행동을 한 친구에게는 어떻게 충고하는 것이 좋을까요? 친구의 마음이 상하지 않게 충고하는 방법을 만화로 알아보아요.

### ★ 맛깔스러운 관용 표현

### 108.
**배 째다**
자기주장만 하며 막무가내로 고집을 피우다.

### 109.
**얼굴에 먹칠을 하다**
명예나 체면을 더럽히다.

### 110.
**못을 박다**
어떤 사실을 분명하게 해두다.

### 111.
**미역국을 먹다**
시험/대회에서 떨어지다.

### 112.
**눈이 높다**
어느 수준 이상의 좋은 것만 찾는다.

### 113.
**귀가 간지럽다**
누가 제 말을 한다는 느낌을 받다.

# 5. 공포의 민낯

'콩깍지가 씌이다.'는 사랑에 빠진 사람이 상대의 단점이나 결점을 보지 못하는 상태를 말해요. 보고 싶은 대로만 보고 듣고 싶은 대로만 듣는다는 뜻이지요. 유튜브가 추천하는 콘텐츠를 비판없이 그대로 받아들이면 우리한테도 콩깍지가 씌이는 상황이 될 수도 있으니 조심하자고요!

★ 맛깔스러운 관용 표현

### 114.
**눈에 콩깍지가 씌이다**
눈이 가리어 사람이나 사물을 제대로 보지 못하다.

### 115.
**입이 딱 벌어지다**
자신도 모르게 입이 벌어질 정도로 놀라다.

### 116.
**꿀이 똑똑 떨어지다**
바라보는 시선에 애정이 가득하다.

### 117.
**깨가 쏟아지다**
둘 이상의 사람이 함께 있는데 매우 오붓하고 재미있어 보이다.

### 118.
**눈꼴시다**
하는 짓이 거슬려 보기에 아니꼽다.

### 119.
**민낯이 드러나다**
숨기고 있던 안 좋은 성질이나 본모습이 나타나다.

# 6. 쉼표를 안 찍었다가

쉼표와 마침표 등과 같이 글을 쓸 때 쉽게 구분하기 위해 사용하는 부호를 구두점이라고 합니다. 너무 많이 쓰면 글을 읽을 때 불편하지만, 아예 쓰지 않으면 내 의도와는 전혀 다른 내용이 되기도 합니다. 구두점이 얼마나 중요한지 만화로 살펴보아요!

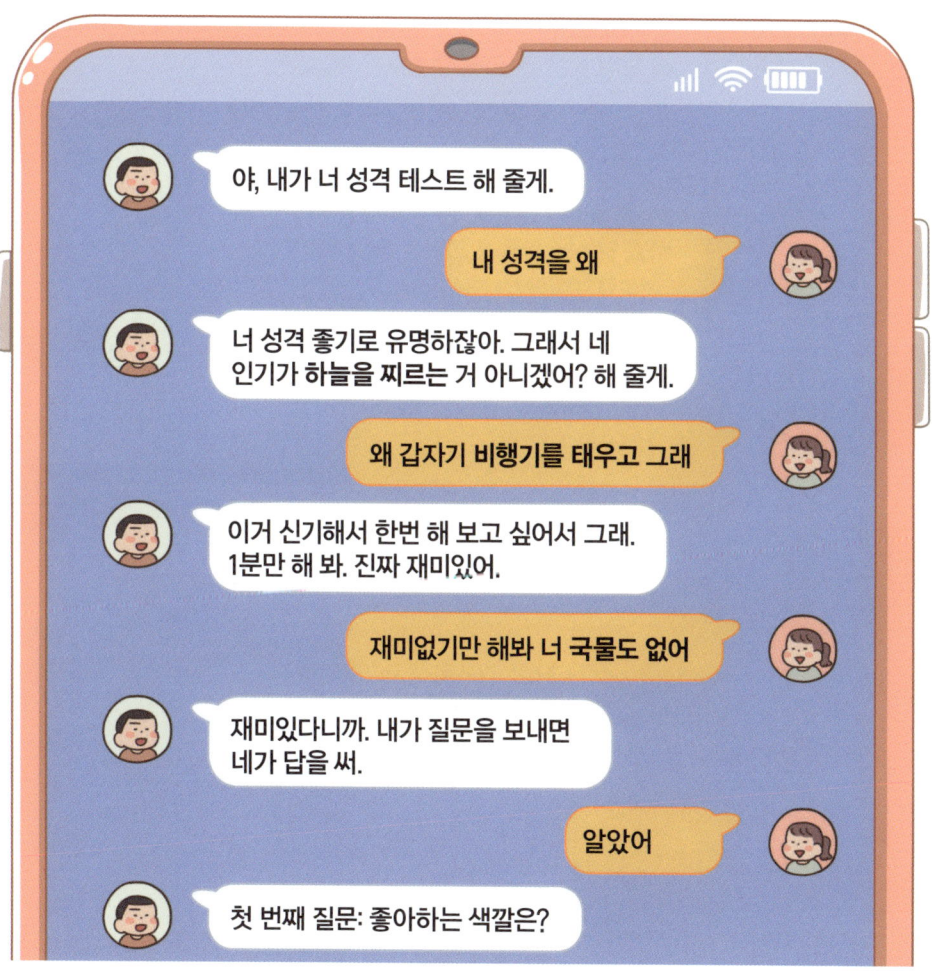

★ 맛깔스러운 관용 표현

## 120.
### 하늘을 찌르다
대단하다.

## 121.
### 비행기를 태우다
지나치게 칭찬하거나 추켜세우다.

## 122.
### 국물도 없다
절대 봐주지 않는다, 돌아오는 몫이나 이득이 전혀 없다.

## 123.
### 호박씨를 까다
안 그런 척 내숭을 떨다.

## 124.
### 나사가 빠지다
정신이 없다.

## 125.
### 찬물을 끼얹다
일이 잘되는 중인데 분위기를 흐리거나 망치다.

# 7. 몰라서 물었을 뿐인데

물음표(?)는 어떤 것에 대해 몰라서 묻거나, 자기가 알고 있는 내용이 맞는지 다시 한번 확인 할 때 문장 마지막에 붙여서 쓰는 부호입니다. 그런데 물음표를 붙여야 할 때 붙이지 않으면 비꼬거나 탓하는 의미가 되기도 해요. 물음표를 꼭 써야 할 때는 어느 때인지 생각해 봅시다.

부록_이럴 땐 이렇게 표현해요 149

### ★ 맛깔스러운 관용 표현

## 126.
### 완장 차다
권력이나 지위를 얻다.
*'완장'은 팔에 감거나 붙이는 일종의 밴드로 그 사람이 어떤 일을 하는지 알 수 있다. 반장, 조장, 회장 등이 되면 실제 '반장'이라고 적힌 밴드를 옷에 붙이고 다니지 않더라도 '완장 찼다'고 할 수 있다.

## 127.
### 염장 지르다
화를 돋우다.
*'염장'은 고기를 소금으로 절이는 것인데, '상처에 소금을 뿌린다.'는 의미로 변해 (상처에 소금을 뿌리면 매우 고통스러우므로) 고통을 주다, 화나게 하다는 의미로 쓰인다.

## 128.
### 얼굴을 붉히다
놀라거나 부끄럽거나 분노해서 얼굴색이 붉게 변하다.

## 129.
### 가슴에 대못을 박다
마음을 몹시 아프게 하다.

# 8. 같은 말 다른 의미

    같은 글자인데 다른 뜻을 가진 낱말을 가리켜 '동음이의어'라고 합니다. 그런데 관용 표현 중에도 똑같은 말이지만 다른 뜻을 가진 경우가 있습니다. 이럴 때는 대화의 앞뒤 내용에 따라 뜻을 짐작할 수 있는데, 제대로 듣지 않으면 오해할 때가 생기기도 합니다. 상대방이 하는 말을 오해하지 않으려면 어떻게 해야 할지 생각해 봅시다.

부록_이럴 땐 이렇게 표현해요

★ 맛깔스러운 관용 표현

## 130.
**손이 모자라다**
일할 사람이 부족하다. (여기서 '손'은 '일손' 즉 일할 사람의 의미이다.)

## 131.
**무늬만**
겉보기와 실제가 다르다.

## 132.
**숟가락을 얹다**
어떤 일의 수고나 노력 없이 남이 한 일에 같이 보상을 받으려 하다.

## 133.
**발을 빼다**
관계를 끊거나 하던 일을 중단하고 그만두다.

## 134.
**손을 털다**
어떤 일이나 관계를 정리하고 끊다.

# 9. 봐주면 안 돼?

   컴퓨터나 스마트폰을 이용해 글을 쓸 때 글자를 잘못 입력해 틀린 글자를 쓰기도 합니다. 오타라고 하지요. 보통은 대화의 앞뒤 맥락에 따라 오해하지 않는데, 가끔은 오해할 만한 일이 생기기도 해요. 글자를 빠르게 입력해서 소통을 원활하게 하는 것도 중요하지만, 사소한 실수로 큰 오해를 부르지 않도록 맞춤법에 맞게 쓰는 일을 생활화해요.

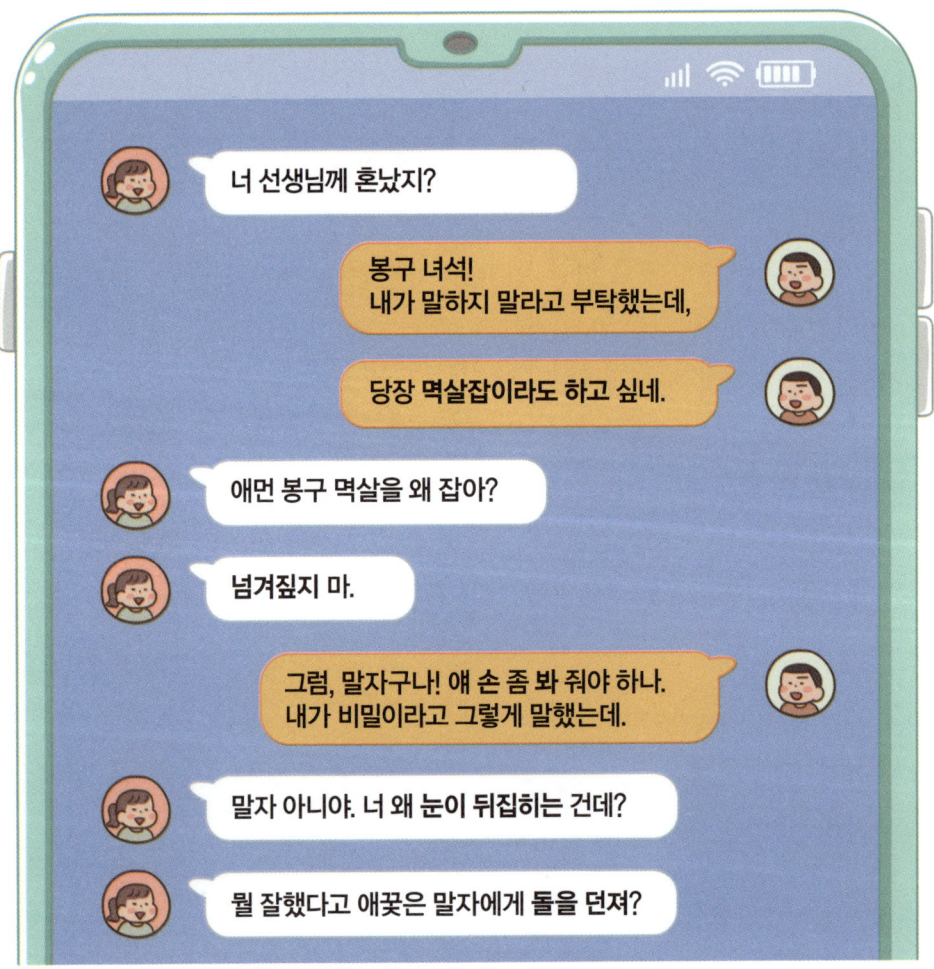

### ★ 맛깔스러운 관용 표현

**135.**
**멱살잡이하다**
싸우려고 상대의 옷깃을 잡다.

**136.**
**넘겨짚다**
확실한 근거 없이 추측하여 판단하다.

**137.**
**손을 보다**
혼을 내 주다, (고장 난 물건을) 고치다.

**138.**
**돌을 던지다**
누군가의 잘못을 비난하다.

# 10. 찬바람이 부는 이유

띄어쓰기는 어른들도 자주 틀려요. 원래는 띄어서 쓰는 것이 원칙인데 붙여쓰기를 허용하는 말이 늘어나기도 하고, 기술의 발달로 세상에 새로 나온 기기나 개념을 뜻하는 단어가 만들어지 때문이기도 합니다. 띄어쓰기가 달라지면 문장 뜻이 어떻게 바뀌는지 확인해 보세요.

★ 맛깔스러운 관용 표현

## 139.
**몸을 낮추다**

자신을 내세우지 않고 남을 겸손하게 대하다, 눈치를 보다.

## 140.
**코앞**

아주 가까운 곳, 머지않은 미래.

## 141.
**찬바람이 불다**

분위기가 썰렁하다.

## 142.
**한 걸음 물러나다**

직접적이고 가까운 관계에서 조금 벗어나 객관적인 자세를 취하다.

## 143.
**손을 대다**

어떤 일을 하다, 관여하다.